グリーンブックレット
Green Booklet 11

若年雇用問題の背景と課題、展望

大島 英樹 [編]

成文堂

　　　　　　　　は　し　が　き

　本書は，立正大学法学部・法制研究所主催の本学部・研究所の地域貢献事業の一つである，平成24年度公開シンポジウム『若年雇用問題の背景と課題，展望』（2012年12月8日開催）における検討の記録である。
　大学は，研究機関として，雇用という問題を専ら社会科学の研究対象の一つとするが，同時に，教育機関としての大学はこの問題の渦中の当事者でもある。大学進学率の高まりとともにその比重は重みを増し，2011年には大学設置基準が改正されて，大学には，「学生が卒業後自らの資質を向上させ，社会的及び職業的自立を図るために必要な能力をカリキュラムおよび課外指導等で培うことができるような」体制の整備が求められることになった。もっとも，大学におけるいわゆるキャリア教育の蓄積は浅く，その内容や手法については未だ発展途上段階にあるといってよい。
　一方で，社会における雇用環境の現実は，労働市場の構造変化と共に確実に厳しさを増している。バブル経済が崩壊して以降，パート，アルバイト，派遣，契約社員等の非正規雇用者の数は急激に増加し，平成25年には1900万人を超えて雇用者全体の37％余りを占めるに至り（総務省統計局労働力調査長期データ表10　http://www.stat.go.jp/data/roudou/longtime/03 roudou.htm#hyo_10），このうちの約19.2％はいわゆる不本意非正規雇用者である。15歳～24歳の若者に焦点をあてれば，労働人口の49.2％，学生アルバイト等在学中の者を除いた場合でも，32.3％が非正規雇用形態で就労しているという。また，正規雇用者であっても長時間労働等，厳しい労働環境のもとで心身を病む若年労働者の例は決して珍しいものではない。
　高齢化が進行し今後の社会を担う若年層の役割が重みを増す中，若年雇用に関する諸問題を多角的視点から分析し，解決への示唆を得ることは，社会科学研究の一環としてのみならず，社会に有為な人材を輩出することを目的としたわれわれ大学の存立基盤にかかわる重要な課題である。シンポジウムはこのような問題認識のもと，①問題の実態を正しく見据えること，②問題の背景にある社会構造，社会需要を解明すること，③大学に求められている

キャリア教育の姿を模索すること，の3部から企画・構成されている。

　①の視点からは，小川英郎氏（弁護士・日本労働弁護団常任幹事）に労働現場の最前線で起こっている問題をご報告いただいた。次に②の視点からは，戎野淑子氏（本学経済学部教授），西岡由美氏（本学経営学部准教授）に，それぞれ専門とする経済学，経営学の専門の立場から背景的要因の分析検討を行っていただき，さらに③の視点からは矢沢宏之氏（NPO法人教育サポートセンターNIRE代表）に社会教育の視点からコメントをいただいた。また，これら報告を受けてのパネルディスカッションでは，埼玉県社会保険労務士会熊谷支部の社労士，地域の高校（深谷商業高校）の進路指導担当者，本学キャリアサポートセンター，学生等，様々な立場の参加者からフロアコメントをいただいた。終的な議論のとりまとめと提言は大島英樹氏（本学法学部教授）に御担当いただいている。

　シンポジウムの企画にあたっては，企画趣旨にご賛同いただいた地元熊谷市および熊谷商工会議所の後援のもと，本学経済学部・経営学部の協力も仰ぐことができた。企画に関わっていただいた関係各位のご尽力に対し，改めて深く感謝する次第である。

　形にしてみれば100頁に満たない本書であるが，込められたシンポジウム参加者の真摯な思いは，手にとってページを繰っていただければ十分に伝わるものと思う。本書が若年雇用にかかわる問題の解決の一助となることを願って止まない。

　2015年1月

　　　　　　　　　　　　　　　　　　　立正大学法学部長
　　　　　　　　　　　　　　　　　　　　　舟　橋　　　哲

目　　次

はしがき………………………………………舟橋　哲　i

基調講演 ………………………………………小川英郎　1

パネリスト報告 1 ………………………………戎野淑子　21

パネリスト報告 2 ………………………………西岡由美　33

パネルディスカッション ……………………………… 45
　　コメンテーター　　矢沢宏之
　　指定発言者　　　　瀬谷卓美
　　　　　　　　　　　町田進一
　　　　　　　　　　　白田瑠奈
　　　　　　　　　　　西畑　綾

まとめにかえて ………………………………大島英樹　65

基調講演

未来を担う若者の生き方を考える
―権利教育とディーセントワーク―

日本労働弁護団常任幹事・弁護士
小 川 英 郎

　皆さんこんにちは。たくさん集まっていただきまして，どうもありがとうございます。立正大学は，今年140周年ということで，本当に歴史のある大学なんだなと感じます。

　今日は，ちょっと早く着きましたので，キャンパスを少し散歩しておりました。若い人たちがグラウンドで汗を流したり，ゆっくり歩いたりしている姿，これが本当の大学の良さだなと痛感いたしました。

　若い人たちがこれから社会に出て行くときに，確かにいろいろ大変なことがあるんですけれども，希望を持って働いていけるような社会を，どうしても私たち全体で作っていかなければならないということを痛感した次第であります。

　日本労働弁護団は，弁護士が全国で1,700名ほどおりまして，主に労働者側の立場で労働事件を取り扱っております。今，一番重点的に取り組んでいる課題としましては，やはり若者の問題です。月曜日と火曜日と，木曜日の3時～6時に，弁護士3人体制でホットライン活動というのをやっておりまして，無料で電話相談を受け付けております。たくさん電話がかかってくるんですけれども，やっぱり若い人たちからの相談が非常に増えております。私が今月受けた相談を，2つほど先にご紹介したいと思います。

◆若年者の雇用の現状

　1つは，小さな30人規模のウェブ制作会社に入った24歳の若者。女性の方です。残業代が全く払われないということで，毎日深夜12時くらいまで仕事をしていて非常に疲れてしまいまして，具合が悪くなってうつ病にかかってしまって会社を休みました。「会社を休んだ瞬間に，クビだということで解雇された」といった相談を受けました。

　それから20歳の方。これも女性ですけれども，小売りチェーンに入って一生懸命働いていたんですけれども，エリアの責任者の部長さんに気に入られてしまったのか，自分の携帯電話の番号を知られてしまって，それから食事に誘われるようになって，ひどいセクハラを受けたという訴えでした。それを親御さんに相談したところ，親御さんはびっくりして会社に連絡をしました。そうすると，いろいろと仕事上の「あら探し」が始まり，例えば就業時間中に私用メールを打っていたとか，そういったこと理由に懲戒解雇されてしまった。こういったような相談が，たくさん寄せられているんですね。

　今の若者の就業問題というのは，そもそも入り口でなかなか就職できないという問題に加えて，就職ができても，そのあとひどい労働条件が待ち構えている場合もある。どうしてこういうことになっているのだろうか。そういうことを，きょうは少し考えてみたいと思います。

　ご承知のとおり，就労環境は今，非常に厳しいと言われております。失業率も高いし，正規で働いている人が減っていて，男性も女性も非常に高い割合で非正規で働くしかないようになっていますし，求人倍率も低い。せっかく勤めても，奨学金をもらって大学を一生懸命出ても，非常に賃金が低かったり，あるいは解雇されてしまったりして収入がなくて奨学金が返せないという人が，2010年の段階で33万人に上っています。

　東京簡易裁判所という裁判所は，かつてはサラ金の問題をたくさん扱っていて，サラ金の事件がものすごく多かったのが，今は「奨学金を返してください」という裁判のほうが多いくらいになってきていて，大変な社会問題になっています。こういうふうに，若い人たちをとりまく環境が，大変厳しい

と言わざるを得ないと思っています。

　こういう問題を考えるときに，私がいつも考えているポイントとしては，1つは，若者の雇用問題というのは確かにありますけれども，これはあくまでも社会全体の雇用問題が若い人に増幅して現われ，極端に集中しているんだという視点を，ぜひ持っていただきたいということ。それから，雇用問題というのは決して自然現象ではありません。あくまで私たち社会の在り方から生まれてきている。社会政策や法制度との密接な関係があるんだという視点も，ぜひお持ちいただきたいと思います。

　それから，最近自己責任論が大変はやっております。生活保護に対するバッシングもありますし，いろんな形でバッシングがありますが，その背景には，政治家や経営者など本来責任を持って問題に対処すべき人たちが自分のやることをやらないでおいて，相手に「あなた自身の責任だ」という無責任なメッセージを送り続けているからなんですね。若者についても，同じことが言えると思います。自己責任という言葉には，気を付けなければいけない。この視点も必要だというふうに思っています。

　それから，かつてはフリーターというのは自分が選んで気ままに暮らしている人たち，希望を持って職に就かない若者たちなんだということがしきりに言われていましたけれども，実際は違います。実際には，一生懸命仕事をしたい，いい仕事をしたい，まじめに働きたいといってもそういう仕事がないから仕方なくそうなっているという人が多いんですけれども，それをマスコミを通じて，そうではないかのように喧伝される。こういった若者像を正しくとらえていくということも，大変重要なことであります。

◆日本の雇用慣行

　今日，どうしてこんなふうに若者をとりまく雇用環境が悪くなってきたのか。これは，日本型の雇用システムというものから生まれてきているのではないかというふうに，私は考えております。この日本型雇用システムというのは，昔からよく言われておりますように，終身雇用，年功賃金，それから，企業内の組合です。この3つの取り合わせで，企業に入ったら定年までの間，

図表　最低賃金の国際比較

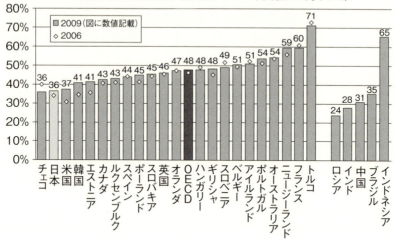

最低賃金の国際比較（2009年）

　長期で雇用されて，結婚して，出産をして，家を買ってローンを組むと。それに合わせて賃金も上がっていくという制度がモデルとされていたわけですね。それが何とか回っているうちは，それなりに良かったのかもしれません。
　例えば，「サザエさん」とか「ちびまる子ちゃん」ですね。これ，同じ日本型雇用システムで，お父さんが働いて，お母さんは専業主婦をして，そして子育てをするというモデルだったんですね。これが，今崩れてきているわけであります。従って，その崩れてきているところからさまざま問題が起きてきている面があります。
　最低賃金ですけれども，日本は，実は最低賃金を絶対額ではなくて相対的に比べますと，非常に低い。チェコスロバキアと同じくらいとなっていて，先進国の中でも最低賃金は低いんですね。もともとこの最低賃金というのは，一家の大黒柱がいてお金を稼いでいて，足りないところを補う補助的な労働力として，例えば主婦のパートの方などがスーパーに働きに行ったりしていたわけですね。あるいは，学生のアルバイトの方です。そういう人に適用される賃金ととらえられてきたために，「それで生活するわけではないので，

低くていいだろう」ということで，ずっと据え置かれてきて，その結果が今，この低い最低賃金として現われてきているわけです。

このような流れ，これは政策的にも実現されてきたものでありまして，「新時代の『日本的経営』」というのを今の日本経団連の，合併する前の日経連という経済団体が発表いたしました。それまで，基本的には正社員として雇用してきた層を「3つに分けます」というのです。

1つは，従来のように正社員として使っていく幹部クラス。もう1つは，中核クラスの社員。それ以外は，専門能力を持っている人や，あるいは，それ以外の比較的単純とされるような仕事をやっているような人たち。これを，契約社員とかパートとか，そういった非正規労働者に置き換えますと宣言したわけです。もちろん，ねらいとしては人件費を抑制して企業の競争力を強くしていこうという経済界の思惑があったわけですが，その結果として労働者は大きく，正規の労働者と非正規の労働者の2つに分かれてしまった。これが今のひずみとなって若者を襲っているという構造になっているわけですね。

非正規労働の特徴をまとめますと，3つの要素があり，いずれかの要素が含まれています。

1つは，労働契約に期間の定めがある。例えば3カ月契約とか6カ月とか1年，こういった有期の労働契約である。これが1つです。第2に間接雇用です。間接雇用というのは，例えば派遣の方ですね。派遣の方は派遣会社に雇われていて，そこから派遣先に派遣をされて，そこで働きます。派遣先で働いているけれども，自分を雇っているのは派遣会社。こういうふうに間接的な雇用になっていますので，これを間接雇用というふうに呼んでいます。

第3の類型としては，パートタイマーがありますね。フルタイムの人に比べて，短い労働時間で働く。こういった特徴を一つないしは複数持っている働き方を非正規雇用と呼んでいます。正社員に対応して非正規というふうに呼ばれているわけです。

◆増える非正規従業員

　これが正規と非正規の増え方の図ですけれども，1990年には非正規がちょうど20%だったんですが，現在では35%～34%で推移していて，ちょうど先ほどの「新時代の『日本的経営』」の出た1995年以降ですね。急速にこの割合が増えていることがお分かりいただけるかと思います。

　これを男女別に見ますと，15歳～24歳。いわゆる若年労働者層ですね。これは，女性も男性も急激に非正規の人が増えています。

　それから25～34歳ですが，これも同様に上昇しております。このように，男女ともに若い人の非正規率がどんどん上がってきているというのが，日本の労働市場の現状だというふうに言えるかと思います。

　非正規の方の場合には賃金が低いですから，なかなか結婚できない。男性就業者で非正規労働者の結婚していない人の割合は，20代で94%，30代で75.6%。多少下がっていますけれども，やはりなかなか結婚できていない。

　逆に正規の方の場合は，20代で67.5%，30代で30.7%ですから，20代から30代にかけて多くの方が家庭を持っていっている。こういうふうに正規と非正規で大きな格差が生じてしまっているということがお分かりいただけるかと思います。

　法制度面でも，非正規化というのが推し進められてきました。労働者派遣法という法律ができました。これは1985年に制定されましたので，今からかれこれ20年以上前の話なんですけれども，この法律ができたときには専門的な業務だけに限って派遣を認めて，一般的な，例えば事務職ですとか軽作業ですとか，運搬作業ですとか，そういった，今派遣が普通に入っているところは，最初は派遣は駄目だったんですね。これが徐々に法律が改正されていきまして，1999年に原則自由化されました。港湾の労働ですとか建設現場といった特別な業種を除いて，基本的にはどこでも派遣できますよというふうに変わったのは1999年だったんですね。2004年には，これが製造業務にも拡大をされました。こうして派遣労働者の数がどんどん増えていって，不安定雇用が拡大してきたという歴史があったわけです。

図表　正規／非正規従業員数の推移

正規雇用者と非正規雇用者の推移

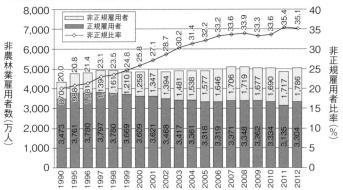

(注) 非農林業雇用者（役員を除く）が対象。1～3月平均（2001年以前は2月）。非正規雇用者にはパート・アルバイトの他，派遣社員，契約社員，嘱託などが含まれる。2011年は岩手・宮城・福島を除く。
(資料) 労働力調査

男女別・年齢階級別非正規雇用比率の推移

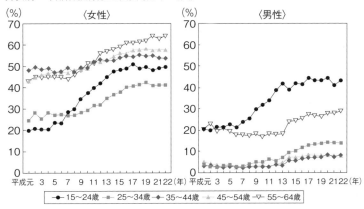

(備考) 1. 総務省「労働力調査」より作成。
2. 非正規雇用比率＝（非正規の職員・従業員）／（正規の職員・従業員＋非正規の職員・従業員）×100。
3. 2001（平成13）年以前は「労働力調査特別調査」の各年2月の数値，2002（平成14）年以降は「労働力調査詳細集計」の各年平均の数値により作成。「労働力調査特別調査」と「労働力調査詳細集計」とでは，調査方法，調査月などが相違することから，時系列比較には注意を要する。

◆派遣労働に関する諸問題

　労働者派遣を先ほど間接雇用と言いましたけれども，図にするとこういうふうになるわけですね。派遣会社と労働者の間に労働契約がある。つまり，労働契約は派遣会社と労働者の間にあるわけですね。労働者と派遣先，要するに派遣労働者が実際の働く職場ですけれども，ここは指揮命令関係があるだけとされますので，実際に自分が働いているところとは雇用契約がないというのが，間接雇用の非常に特殊な構造になっているわけですね。

　この推移を見てみますと，ちょうど2001年からずっと増えてきて，製造業務に解禁された2004年以降，急速に派遣労働者の数が増えているわけですね。2008年にはこれがピークに達しまして，140万人の派遣労働者の方がいました。これが2009年にガクッと減っているのがお分かりいただけると思いますが，これはリーマン・ショックがあったからですね。リーマン・ショックの影響で，それまで派遣で働いていた人たちが大量に切られて，その人たちが寮からも追い出されて日比谷の派遣村[1]に来るということがつい最近あったわけですけれども，このように，派遣で働くということは，景気が悪くなると簡単に切られてしまう。そういう簡単に切れるような仕組みを作ってしまった。これが，日本の今の雇用市場を非常に大きくゆがめてきた原因の１つになっているわけであります。

　問題点を若干あげておきますと，派遣先というのは，キャノンですとか，トヨタですとか，名だたる大手企業が多かったわけですね。特に製造現場で大量に派遣労働者を使っていたわけですが，逆に派遣会社のほうからすれば派遣先はまさに自分のお客さまですから，派遣先に対しては非常に立場が弱く，現場で何かトラブルがあると，基本的には派遣会社は労働者のほうに問題をなすりつけてしまう。

　だから，本当に正社員だったらまずこんなこと問題にならないだろうとい

---

[1] リーマンショック後の2009年１月に日比谷公園に設置されたテント村。食事と宿泊場所を提供するだけではなく，そこで専門家による相談活動も実施され，多くの訪問者が生活保護を申請して受給するなど，多様な活動を行い，大きく報道された。

図表　派遣労働に関する関係図

（間接雇用）──労働契約・賃金──（労働者）──指揮命令関係のみ──（派遣先）──派遣契約・料金──（派遣会社）

　う些細なミスとか，ちょっと上司と折り合いが悪かったということで，派遣先が「あの派遣社員は気に入らないから変えてくれ」と派遣元に言うと，派遣元のほうは，本来はきちんと調べて派遣先に意見を言わないといけないんですが，そういうことはせずに，「お前のほうが辞めろ」という形で切ってしまう。こういったことが起ってくるのも，派遣の間接雇用という構造から来ているわけであります。
　それから，派遣料金というのは賃金にマージンを上乗せしておりますので，当然，派遣会社がたくさん利益が欲しいと思いますと，マージンの部分も大きくしたくなるわけでして，賃金のほうもどんどん切り下げられていく。それから，派遣会社同士も競争しますので，「うちの方が安いですよ」と営業をかけるようになります。そういう意味でも賃金の切り下げということが起きてくる。これは，労働ダンピングというふうに言われているものですね。それから，「派遣先は雇用責任を負わない」ということになっておりますので，どうしても自分の社員に比べると，色々な面で疎かになります。派遣先での労働災害，これもかなり，普通の労働者に比べたら統計上多いという結果が出ています。
　例えば，1つ裁判例で問題になったものとして，缶を作る工場で，その缶がちゃんとできているかチェックするために脚立の上に乗ってそれをチェッ

クするというラインで，正社員と派遣労働者と両方混ざって働いていたんですね。派遣労働者が使っていたのは，私たちがよく見るような小さな脚立なんですよ。そこに8時間立ちっぱなしで作業をさせられ，疲れたんでしょうね，転落をして頭を打って頭蓋骨が折れて亡くなってしまいました。これは裁判で争われて派遣先の責任も認められたのですが，その裁判の過程で，正社員の方のほうは，ちゃんと柵の付いたところで作業をしていて，派遣社員の方のほうは脚立で作業をさせられていたというような実態が明らかになります。安全対策にまで差を設ける。こういったことが起きてくるのが，労働者派遣の非常に大きな問題であります。

　それからもう1点，非正規の特徴として，有期労働契約の問題の点も，若干お話ししておきたいと思います。

◆有期労働の問題点

　有期労働契約というのは，3カ月とか6カ月とか1年と，期間が限られておりますので，「その期間が来たら自動的に契約が終わりますよ」という形式の契約です。自動的に契約が終わる仕組になっているわけですね。そうしますと，働いている人は次の契約を更新してもらって，ずっと働いて賃金をもらわないと生活できませんので，「次，更新されるかな」と非常に不安になります。そうすると，例えば何か職場で嫌なことがあったり，あるいは「有給休暇が取りたい」，「病気で休みたい」，「セクハラをやめてほしい」，こういうことを言いたくてもなかなかいいにくい。従って，有期労働契約というのは，労働者が声を上げにくい仕組ということで非常に大きな問題があります。また，「正社員と有期は違いますよ」ということで待遇に差がつけられます。例えば正社員は月給制で月25万。有期の方は時給制で，時給1,000円とか1,200円。月になら均すと大きな賃金格差が生じます。こういった待遇格差を正当化する口実にも使われやすいわけですね。

　最近特に新卒有期というのが大きな問題になっておりまして，試用期間ではなくて，新卒でいきなり有期労働契約にしてしまい，それを3回まで更新するというものです。「3年たってできが悪ければ，そこでおしまい。でき

が良ければ正社員にしてあげましょう」と，こんなような仕組を実際に導入する企業が最近増えてきておりまして，有期労働契約をどういうふうに規制していくのかというのが，非常に重要な問題になっているわけであります。

　こうした弊害を克服しようと，労働契約法という法律が改正されて，一応，5年を越えて有期労働契約で働いていると，労働者が希望すれば無期契約に転換できる仕組みが2013年の4月1日から始まることになっておりますけれども，その法律ができてしまいますと，5年になったあとには無期にしなくちゃいけないというふうに会社のほうが心配をして，その手前で雇い止めをしてしまったり，最初から「うちの会社は3年しか雇いません」「5年しか雇いません」そういうような契約が増えてしまうのではないかという心配があります。

　喫茶店の有名なチェーン店のひとつがこういうことをいち早くやりまして，4年以上雇わないという通達を社内に出してしまった。これで，今労働組合員との間でトラブルになっていますが，こういうような例が増えてこないように私たちは気を付けなければいけないというふうに思っています。

　一方で，有期労働契約だからといって賃金その他の労働条件で不合理な差別をしてはならないという法律もできまして，こちらの方は大いに活用していきたいと思っています。

◆いわゆる「ブラック企業」の問題点

　若者を襲うブラック企業の特徴ということですが，これらの企業は特徴があります。求人情報，例えばハローワークの求人票ですとか雑誌の募集広告が虚偽であったり誇張されていて，実際に入ると賃金が全然違っていたり，残業代が出ない。あと，仕事の内容が違ったりします。「テレホンアドバイ

ザーだ」と行ってみたら，実際には怪しげな健康食品を売るためにお年寄りのところに電話をかけまくる仕事だった。こんな例がたくさんありまして，ブラック企業の経営者というのは「若者はだましやすい」と考えているのではないかというふうに，私は思います。

　それから，そういう経営者は，法令順守の意識が非常に薄いので，「うちは労基法でやっていないから」というような誤解した発言が平気で出てくる。また，社員を育てようという意識がないので，使い捨てにする。従って，非常に社員の出入りが激しくなります。また，そういう職場ですから怒鳴ったり，ののしるといったハラスメントが当たり前の体質があって，そこで労働者がハラスメントを受けて病気になるというようなことも，たくさん相談の中に出てきているわけであります。

　これはどうしてなのかということですけれども，一つは労働基準法を守らせるための体制が弱い。労働基準監督官，東京の場合で言いますと，なんと1人の監督官が3,000の事業所を見なければいけない。これは，毎日回っても10年かかってしまうわけですね。こんな体制では，いくら違反をしても大丈夫だということで，法律はあってもそれが実行されない体制になってしまっているということです。

　それから，若い人たちが法律の知識あるいは権利の意識をきちんと学ぶ機会をあたえられていないので，自分たちが受けているハラスメントですとか残業代を払ってもらえない，違う仕事だった，こういうことが法的にどう考えるべきなのかがなかなか分らない。こういう知識や権利意識の欠如，これもブラック企業を蔓延させる一つの土壌になっているのではないかというふうに思います。

　また，こういう小さなところは労働組合が組織されていないので，これも加わって無法地帯のようになってしまっています。これは，必ずしもブラックと言われる企業だけの問題ではなくて，多くの企業，大企業も含めて当てはまります。それが極端な形で現われているのが，このブラック企業の問題だということだと思います。

　セクハラ，パワハラですけれども，今や労働相談は解雇，賃金，それから職場いじめ。これを3本柱と言っていまして，必ず相談件数上位の3つの中

に，セクハラ，パワハラ，いじめの問題が入ってくるわけですね。特に若い方が犠牲になりやすい。その結果，うつ病とか適応障害とか，いろんなかたちで精神障害に罹る人が激増しております。

　有名な電通の過労死事件[2]というのがあるんですけれども，これも新入社員の方，毎日徹夜勤務のようなことで長時間労働をしていたんですが，判決を見ますとその中に，「上司の靴にビールをついで，それを飲めといわれて飲まされる」，こんなようないじめも受けていたということで，若い人たちを取り巻く環境が非常に悪くなっているということであります。

　それからもうひとつは長時間労働問題ですけれども，労基法が守られていないということで，先ほどと同じように，SHOP99事件というのは，百円ショップの店長さんの事件です。入社まもなくいきなり店長にさせられて，店の責任を負わされます。店長といっても名ばかり店長ですから，店番から仕入れからクレーム対応から，何でもかんでもすべて一人でやらされる。それで，例えばアルバイトの人が急に来なくなったら自分が行かなきゃいけない，そういうことを繰り返しているうちに過労とストレスで精神障害，うつ病になってしまって働けなくなってしまった。残業代の支払と慰謝料を求めて提訴し，組合の支援を受けて，裁判で見事勝利されました。この方のような例はたくさんあるのですが，裁判までできる人はほんとに一握りです。こういったような例が蔓延しているわけであります。

　本当は，労働組合にぜひ頑張ってほしいと私は心から思っているんですが，日本の場合は労働組合の組織率が低い。18％ぐらいで，大きな企業には企業別の労働組合があって頑張っておられるんですけれども，小さな職場にないんですね。その結果，誰でも入れる個人加盟のユニオンのような組合の活動が活発になって，企業の外で組織しようとしているという実情があります。

　組合の組織率を見てみますと，日本，アメリカ，韓国は低いです。逆に，イギリス，ドイツ，オーストラリア，この辺りが高いということはお分かりいただけるかと思います。労働損失日数というのは，要するに「ストライキ

2　大手広告会社「電通」の新入社員が長時間労働の末，自死に及び，遺族が損害賠償請求をした事件。最高裁判決で遺族の勝訴が確定し，企業には労働者の健康を守る義務（安全配慮義務）があるとされた。

をどのくらいやっているか」という統計なんですけれども，アメリカ，韓国は組織率は日本と同じように低いんですけど，ストライキはかなり頑張ってやっているわけですね。ところが，日本はちょっと数字に出ないくらいに少なくて，ほとんど「ストライキのない国」のようになっている。もちろん，ストライキをすればいいというものではないんですけれども，やはり経営側に緊張感を持たせるためには，憲法で保障されたこうしたストライキの権利なども適正に行使していかないと，なかなか現場は変わっていかないだろうというふうに思います。日弁連の調査に行ったときに，韓国の労働組合の方たちが，ずっと何ヶ月間もテントを張って争議をし，それを市民が支援するという体制があり，うらやましく思ったものです。

◆女性雇用の問題

　今度は女性の問題ですけれども，若者と女性というのは，いずれも非常に弱い立場にあって，さまざまに不利益を受けています。日本型システムの中では，女性は主に家庭責任を担うものとされてきましたから，途中で，例えば結婚ですとか出産，子育てによってキャリアが中断してしまって，かつ，そのあとまた仕事に戻っても，非常に低賃金な仕事しかないという不利な位置付けをされてきました。こういう問題は，均等待遇という形でなんとか解消していく必要があるだろう。これは非常に大きな日本の労働市場の課題であります。

　有名な「M字カーブ」というものですけれども，だいたい20代の後半から急速に働く女性の数が減って，その後また職場に復帰していくというMの字を書きますのでM字カーブといわれています。これがなかなか解消されない。

　同時に，この真ん中に「母子世帯」というところがありますけれども，貧困率を測ってみますと，圧倒的に，働く母子世帯の貧困率が高い。死別をしたり離婚をしたりしてお母さんと子どもさんだけになってしまうと，お母さんの賃金で暮らさないといけない。その賃金がもともと非常に低いので，こういうふうに母子世帯に貧困が集中的に現われるという状態になっているわ

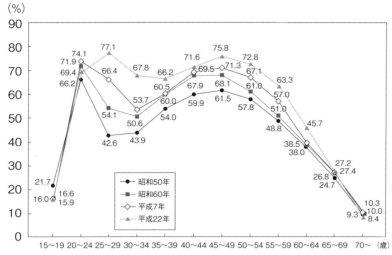

図表　M字カーブ

女性の年齢階級別労働力率の推移

(備考)　1．総務省「労働力調査」より作成。
　　　　2．「労働力率」…15歳以上人口に占める労働力人口（就業者＋完全失業者）の割合。

けですね。「こういうことを解消していくには，どうしたらいいんだろうか」というお話をこれからしていきたいと思います。

◆ディーセントワーク―働き甲斐のある人間らしい労働

　ディーセントワークというのは，1999年のILOが「働きがいのある人間らしい労働を」ということで提唱した概念です。日弁連もこれを取り入れまして，表にあるような提言をしております。時間の関係がありますので全部は読みませんけれども，こういうさまざまな観点から取り組みが必要でしょう。特に労働法制でいいますと，有期労働契約，先ほど言いましたように細切れの形での有期労働契約を有効に規制する必要がありますし，派遣法を抜本的に改正していかなければなりません。

　最低賃金も，今のままでは低すぎます。これも，やはり大幅に上げなければならない。「最低賃金を撤廃したほうがいいんじゃないか」というような

図表　日弁連の提言

ディーセントワークに向けて

働きがいのある人間らしい労働（1999・ILO）
日弁連の提言より

① 労働法制の改正（有期法制と派遣法）
② 最低賃金の引き上げ
③ 労働基準監督行政の強化
④ 若者のための職業教育訓練の充実・強化
⑤ 法教育の推進
⑥ 相談体制の充実・強化
⇒加えて，労働組合活動の支援・強化も重要

公約を掲げた政党も現われてきていますけれども，私は全く逆の方向だろうと思います。

　それから，労働基準監督署による監督体制を強化する。同じ仕事には同じ賃金を払い，女性の方の労働を適正に評価するような仕組を法律的には作っていく必要がある。

　それから，権利教育ですね。ぜひ義務教育課程で法教育を取り入れていただいて，消費者法と労働法はきちんと教えるということをしていただけないかと思っています。

　特に「権利とは何か」というこの基本的なところをしっかり教えて，労働基準法の規定も理解してもらうような，そういうことを早期から教えていく，これが重要ではないかと思います。

◆職業訓練の重要性

　もうひとつは職業教育訓練です。これも日本では非常に予算が少なくて，実際に職業教育訓練を受けたくても受けられる人が少ない。でも，やってみ

るとかなり効果があるんですね。こういうところに予算を割いてほしい。効果が高く個々人に合った職業教育訓練を公費でぜひやっていただきたいと思っています。

デンマークの例，これは日弁連が2010年にやった調査結果なんですけども，若干ご紹介したいと思います。

写真　職業学校風景

デンマークは労働組合の組織率が7割ぐらいですから，日本と比べものにならないくらい労働組合に入っている人が多い国なんですね。この義務教育課程を見ましても，中学校が終わったあとに普通教育と職業教育に分かれていますが，これはどちらが上でどちらが下ということではなくて，全く同じ対等なものとして構想されている。

男の子は，だいたい5割以上の子が進んでこの職業教育課程を選ぶそうです。学びたければ，さらに上に行けるようになっているんですね。職業教育課程を選んでも，その上の大学から学士，修士，博士と職業教育課程からも進めるようになっていて，1回やめてもまた途中から入れるということで，非常に柔軟な教育システムを持っているわけですね。

この職業教育課程は実習が重視されていまして，実習と座学を繰り返して実習先の会社に勤めるということが一般化されているわけです。これは私たちが訪れた職業学校ですけれども，生徒さんたちがここで学んで，たとえば，洋裁や金属加工，機械などの実習をして，このあと企業に行ってお金をもらいながら現場を経験し，また学校に戻って座学をやる。そういうことを繰り返して技能を高めていきます。とても合理的な制度だと思います。

それからもうひとつ，今度はドロップアウトした子どもたちを，また社会に復帰させていくための仕組です。これも，デンマークは非常に充実していまして，それを担っているのがこの生産学校という学校です。若い子たちがドロップアウトしても家からこの学校にまた戻ってきて，そこでいろんな教

写真　保育士

育を受けて，そこでまた社会に戻っていく。こういう仕組ができているわけですね。

　例えば刺しゅうのワークショップに参加すれば，Tシャツを作って地元で売るわけです。売ったお金は生徒たちが賃金としてもらえるようになっていまして，これも非常にモチベーションを高めるための工夫として使われています。

　それから，これは保育士さんですね。子どもが好きな若者たちは，こういうところで実際に子どもとふれあいながら保育の技術を学びます。機械が好きな子は機械のワークショップで，たとえば自転車を修理して，これも地元で修理代をもらって賃金としてもらえるようになっているわけですね。それからウェブデザイン，パソコンの得意な子は，ウェブをやると。こういうふうに，いろんな子がその特性に応じて技能を高められるような仕組を，無料で提供している。これは，デンマークのすぐれた仕組なわけでありまして，日本もぜひこういったことを取り入れていただけないかなというふうに思います。

　引きこもって家でギターばかり弾いていた子に，先生が行って「そんなに好きだったら，みんなの前で弾いたらどうか」とか言って連れ出してきてバンドを結成して，地元でバンドの演奏をしてその収益金を賃金としてもらうと，こんなようなことをしているわけですね。

　日本にももちろん若者の支援制度というのはございます。学卒者訓練や，日本版デュアルシステム[3]というものがあります。厚生労働省も大変頑張っていて，「新卒応援ハローワーク」とか「ジョブカード制度」といったもの

3　「働きながら学ぶ，学びながら働く」ことにより若者を職業人に育てる新しい職業訓練システム。企業における実習と職業能力開発施設における座学（企業における実務に関連した内容）を並行的に実施する。

をどんどん工夫しています。もちろん，皆さんもこういう制度をぜひご活用いただきたいと思いますけれども，いかんせん予算の規模が少なすぎまして，まだまだ充実しているとは言えないと思いますし，社会がこうした制度を使いこなせるような基盤はまだ整備されていない状況です。

職業訓練を受けますと，就職率が非常に高いんですね。だけど，数が少ないんです。定員が6,000人～7,000人程度しかいなくて，もう少しこういうところに予算を付けて，希望する人がみんなこういうのを受けられるようにするべきではないかと思います。

これは日弁連で訪問しましたある中小企業のケースですけれども，全日空のボーイング787という新しい飛行機のタンクを任されて独占的に作っています。中小企業ですが技術力の高いところなんですね。ここが国の運営しているポリテクセンターという職業訓練施設と提携をしておりまして，毎年定期的にポリテクセンターの卒業生を受け入れるということで，実はこの会社の社員の3割ぐらいはポリテクセンターの出身者だと言っていました。こういう形で採用して，定着率が非常に高く，女性も多くて，実習生も受け入れています。全員が正社員として採用され，定着しているということで，われわれは感銘を受けましたが，こういった取り組みをさらにどんどん広めていってほしいと日弁連は提言しているところであります。

それからもうひとつ相談体制ですけれども，重要なことは，特に若い人が1人で悩んではいけないということですね。何か困ったことがあったら，必ず相談する。1人で悩むと非常にあとが大変です。

行政機関，労働基準監督署，労働局，ハローワークもありますし，民間でも労働組合や私が所属しております日本労働弁護団のような法律家団体，それから，個人で入れる労働組合ですとか，労働関係のNPO法人にもたくさん情報がありますので，何かで困ったことがあったら必ず相談する。それから親御さんは，息子さんたちが，あるいは娘さんたちが困っているなと思ったら聞き出して相談させてあげるというようなことを，ぜひやっていただきたいというふうに思います。また，首都圏青年ユニオンは青年問題では活発に相談活動をされていて，気軽に相談に乗ってくれますので，こういった窓口もぜひ覚えておいていただきたいと思います。

最後ですけれども，若者が社会に出るための環境を整えるための責務，これは私たち大人にあります。法制度も含めて，しっかり考えていかなければいけない。それから，労働関係法規の整備，非正規を減らすような法律を作る。これも大事です。質の高い職業教育訓練制度に予算をぜひ付けてほしい。学費はやはり大学卒業までは無料にするべきだろうと私は思っています。ブラック企業のような，若者を大切にしない企業，これに社会的に厳しい目を向けるようにしていかなければなりません。

　それから，早期に充実した権利教育と相談体制を拡充して，社会全体で，これから社会に出ていく若者たちが希望を持って働けて，それから社会を支えていけるようなそういう仕組を，ぜひ皆さんと一緒に考えていきたいと思います。どうも，ご静聴，ありがとうございました。

パネリスト報告1

若年雇用の現状と課題

立正大学経済学部教授
戎 野 淑 子

　「若年者雇用の現状と課題」ということで、経済学的な視点からお話をさせていただきたいと思います。本シンポジウムは、多角的に若年者の雇用について分析を進めようという目的でございますので、その中の一端を経済学的な視点から見ていきたいと思います。

　でも、経済学的視点と申し上げましてもなかなか具体的なイメージが湧かないかもしれません。そこで、いわゆる労働者の視点と企業側の視点。それからまた、日本という国、日本社会から見てどうなんだということを考えてみたいと思います。また、非常に限られた時間ですので、若年者の中でも特に大卒を中心に見ていきたいと思っております。では、よろしくお願いいたします。

　まず現状といたしまして、新卒の状況、大卒を見て下さい。就職が大変厳しい状況です。2012年4月の段階で、卒業生の就職率は、戦後を見ましても6番目に低いという状況です。就職を希望していながら内定をもらえなかった学生は、4万3,000人ということで、大学を卒業しても内定をもらえない、就職できないという人が決して珍しくない状況になってしまいました。その原因にはいくつもあるんですけれども、非常に深刻と言いますか、なかなか改善されない問題をいくつかご紹介したいと思います。

◆求職側と求人側のミスマッチ

　1つは、ミスマッチの問題です。有効求人倍率が企業の規模によってずいぶんと異なっていることにお気付きになられるかと思います。従業員1,000人以上ですと1倍を切っておりますので、まさにこういう大きな企業に入るのは大変ということなんですが、規模が小さくなれば、新卒に限りますと、比較的仕事の数だけはあります。

　もちろん就職に際しましては、規模だけではなく、「やりたい仕事」とか、「勤務地」とか、いろいろな条件があると思うんですが、規模だけをご覧いただきましても、実は非常にアンバランスであるということがあります。

　それから職種につきましても、非常に人気なのは事務職なんですけれども、事務職の有効求人倍率0.24倍です。0.24倍ということは、4人に1つしか事務職の仕事がないというところまで厳しいんです。この背景には、先ほどのお話にもありましたが、いわゆる派遣社員などの非正規従業員部分がかなり事務職に入りまして、正社員としての採用が激減しております。卒業後正社員で事務職希望の方は多いんですけれども、実は、ここは極めて激戦です。学生さんも今このシンポジウムを聞いているようなので改めて言っておきますけれども、'極めて激戦'です。

　ということは、事務職も狙うのは決して悪くはないですけれども、そのほかの職業にも目を向けなければいけない。ちょっと見ていただくだけでも、1倍を超えているところ。すなわち、人手不足の職種もあるわけです。こういうところがなかなか埋まらない。

　失業している人が「なぜ自分が失業したのか」ということを年齢別に見てみますと、若手、15歳～24歳、25歳～34歳を見ましても、一番多いのが「希望する種類の内容の仕事がない」です。つまり、例えば、正社員として事務職につきたいなと思っても、なかなか事務職の仕事がない。求人がないといったことが、大きな問題になっているわけなんです。

　また、これもよく言われるところですが、「大学を卒業して、本当に大学卒業レベルの能力、知識や技術がきちんと身に付いているのか」ということ

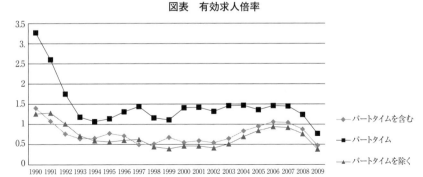

図表　有効求人倍率

厚生労働省「職業安定業務統計」

が言われております。いわゆる能力，知識や技術，はたまた意識のミスマッチがあります。

　大学の進学率はもうすでに半分を超えていまして，54.4%と，右肩上がりにずっと上がってまいりました。中には，聞くところによると「高校生で就職が思うところに決まらなかったので，大学でも進学するか」というような，なにやら大学を滑り止めにしているような現状もあるというくらい，大学に進学するようになりました。

　すなわち，以前3割ぐらいだったものが昨今5割を越えてくるということになりますと，企業側も大卒の枠を増やさないと，大卒の人数だけはどんどん増えてきてしまうので，結局，未就職者が増加してしまうという状況があります。

◆非正規従業員増加の問題点

　さらに，先ほども事務職のところで少し申し上げましたが，ミスマッチに加えて正社員自体を企業は減らしている。1997年以降，ずっと正社員の数が日本の中で減ってきています。今や非正社員の比率が，全体の中の3人に1人を上回る35.2%にまで上がっています。

　もちろん，非正社員の中にも主婦パートと言われるような家庭との両立の

中で望んでいらっしゃる方もいますが，比較的若手の場合，正社員として就職したいと思う人が多いにもかかわらず，男性でも4人に1人が非正社員。女性は35.4％と，若年者ではその比率が高いものとなっています。

　これは先ほどのお話の中にもたびたび出ていましたけれども，日本企業の海外進出によって，非常に大きな痛手を国内では受けています。空前の円高ということで，日本企業は大手のみならず，中堅，さらには小さい企業も海外に出て行く。そうしますと，正社員を減らして，足りない部分は，人件費の安い非正規従業員で補っておこうということになります。いつでも柔軟に雇用調整ができるし，さらには人件費が安くて使いやすいというような状況になっているということです。

　そのため，不本意ながら働いている非正社員というのが増えてしまいました。正社員になりたいけれども，なれない。なれなかった。就職のときに正社員として就職できなかったので，とりあえずアルバイト，とりあえず派遣というようなかたちで働いていくということです。

　'とりあえず'では，なかなか一生いかないものです。やはり貧困などの生活の問題がでてきてしまいます。もともと賃金も低いですし，非常に雇用が不安定です。従って未婚率も高いという話になってくるわけですね。

　さらに，私が最も深刻だと思っているものの1つに，非正規従業員でいると能力開発が極めて欠如していることがあります。会社側の意識として，非正規従業員に対して会社の中軸となって働いてもらおうと期待しているケースというのは極めて少なくて，先ほど言ったように雇用調整弁として，あるいは安いから使うというようなことですと，教育投資をしません。そうすると，教育投資がされないので能力も向上しないまま，技能も開発されないまま年をとっていくということになるわけです。

　パートタイマーの有効求人倍率ですが，バブル崩壊後の氷河期時代でも，1倍を超えていたんです。ということは，大学を出て，正社員になれなくてもとりあえずフリーターになろうというような時代なんですね。

　ところが，2009年ごろになりますと，1倍をもう切っています。今少し良くなったんですが，それでも0.99倍で，1倍を切っているんです。1990年半ばごろの氷河期時代と現在，ともに就職が厳しいですが，「同じですか？」

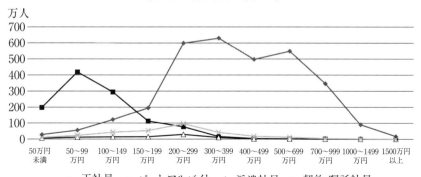

図表　非正規従業員の年収分布

出所：総務省統計局「労働力調査（詳細集計）」

という質問をよく受けるんですけれども，私は違うと思っています。氷河期時代は，正社員になれなくても非正社員になれた時代。しかし，今は非正社員になるのも大変です。つまり，正社員になるのは極めて厳しい時代が続いており，今も有効求人倍率0.51倍で2人に1つしか正社員の仕事がない。しかし，今日はさらにパートタイマーも人余りで大変だということです。ですから非正社員にはなれた氷河期時代に比べ，昨今の雇用環境は一層厳しくなっているというふうに私は考えています。

いわゆる非正規従業員の年収を比較してみれば明らかなように，50万円～99万円という低いところにたくさんの人がいる。企業から見れば，安く使えるということでお手軽なんですけれども，当人は能力開発もままならないまま，転職も厳しい雇用状況の中で難しく，ずっと収入の低い状況で働かなければならない。ここに問題があります。

しかし，先ほど申し上げましたようにまだ非正規従業員になれるならばいいほうで，若年者は最も失業率の高い世代です。全体的に失業率は上がってきておりますけれども，その中でも年齢別で見ると若年者というのは失業率が高いんです。学校卒業後就職できず，非正規従業員にもなれず，とにかく仕事がないという状況になっているんですね。しかも，深刻なのは，1年以上失業してしまっている若年者が28万人もいることです。

1年以上の失業している若者は，ヨーロッパなどでは非常に深刻でたくさ

んいるんですけれども，若いときに職業能力を開発されないまま長期間失業するということは，ある意味，一生失業の道につながりかねないというふうに言われております。そのような危険な状況にある人が，今，日本ではこれだけいる。失業している人の中の長期失業者の割合が増加しており，近年は3割を超えもっと増えて4割に近づいています。そして，その中の3分の1が若い人なんです。もちろん中高年の長期失業者もおりますけれども，この若年者の長期失業者というのは，社会的に今後特に考えなければいけない問題になっていると思います。

　また，この非労働力人口。これは聞き慣れない方もいらっしゃるかもしれません。よく耳にする失業者というのは，あくまで仕事を探す活動をしている人なんですね。例えばエントリーシートを書いているとか，会社との面接会に行っているとか，活動をしているが就職が決まっていない人です。ところが，失業者に入らないけれども本来働くはずの人というのがいて，それは非労働力人口になります。

　「働きたいけれど，もう就職活動をすることに疲れてしまって，何もしていない」と，あきらめている人がその中に入ります。気持ちは，就職したい。でも，活動をしていなければ失業者になりませんので，こういう人たちが164万人もいます。失業率に出てこないが，本来働くはずの人たちというのが，実はこんなにもいるんです。

　さらに，生活保護者も210万人を越えています。「戦後始まって以来の高い水準」で非常に異常な状況が起きていて，若者世代が生活保護者の中にどんどん入ってきているというような状況です。将来を担う人材はどうなっていくのかと危惧せざるを得ません。

　今，ザッと現状をご覧いただきましたが，このような状況がなぜ起きているのか，いつから起きているのかというようなことを簡単にご紹介いたします。バブル経済崩壊後のだいたい1990年代半ば～後半ぐらいにかけて，雇用関係は質的に大きく変わってまいりました。

◆企業の経営姿勢の変化

　多くの企業は，バブル経済崩壊後，経営危機に陥りました。その中で，コスト削減に迫られてくるわけですね。また，金融ビッグバンの影響で，いわゆる銀行の安定株主がどんどん減っていくんです。個人株主，あるいは海外の投資株主が増えてくる中で，株主の意向というのが非常に強くなってまいります。

　株主の意向というのは株価や配当を多く求めてきますので，10年後，20年後に会社が成長することよりも，今，なるべく早く株価が上がること，配当が得られることを求めてくることが多い。すなわち，短期的業績を求めることが経営上非常に強くなってきます。

　短期的に業績を上げる手っ取り早い方法が，いわゆる合理化。通称，リストラと言われるものです。この当時から，大規模な人員削減が毎日のように発表されるようになりました。これはもう，先ほどのお話にもありました新日本的雇用関係なんですけれども，雇用者を，長期的に雇用して企業の中核人材になってもらう人を極めてわずかに限定し，また専門の人材をわずかに限定し，残りはバッファー（緩衝材）としてということで，非正社員化が進んでいきます。ですから，大卒の人数は増えるものの，採用はどんどん減少していく。非常に皮肉な，と言いますか，厳しい状況が進んでいくことになりました。

　これまでの金融機関という安定株主の比率がグッと落ちていることを，改めてご確認ください。いわゆる個人株主が増えておりまして，また，外国の，比較的投資目的の株主が増えてくると，企業側も短期的に業績を上げないとやっていけないという環境にあります。その中で，人に対する考え方というのが変質していったということがあります。経済同友会の白書でも，1999年に，企業の経営の在り方として「1に顧客，2に社員」と言われてきた。ところが，これからは「1に顧客」はそのとおりだが，「2に社員ではなくて，2に株主だ」というふうに宣言されております。企業経営が厳しい中で，そのような経営が見られるようになったと思います。

図表3　金融機関の安定株主の比率

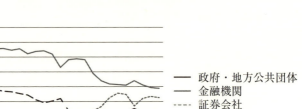

全国証券取引所「株式状況分布調査」

　それに対して、「では、労働者は？」と言いますと、たくさんの人員削減を受けまして、就業意欲は大きく低下してこざるを得ません。お父さんやお母さんがリストラにあう中で、自分はどういうふうに働いていったらいいんだろうかと若年者は思います。30年、40年とお父さんが頑張ってきた会社にポイと捨てられていく姿を見て、自分はどうしたらいいんだろう。親には、「日本の企業だけは行くんじゃないと言われました」みたいな、そういう相談も出てくるようになってしまいました。

　また、正社員になることが非常に厳しいですから、不本意で非正規従業員になっていきます。そうしますと、例えば派遣労働者、あるいは契約社員なんかを見ていただいても、2010年の段階で、今派遣社員で働いている方の6割近くが正社員になりたいと思っているわけです。契約社員も5割以上が正社員になりたいと思っている。以前に比べて、不本意な働き方を強いられている人ははるかに多く、当然、就業意欲は低くなります。

◆若者の会社観

　人々が求めている働き方は何か見てみますと，「昔のような終身雇用が良かった」という人たちが，若い世代も含め男性で9割を越えています。会社との一体性が9割。終身雇用が9割弱ということで，非常に多くの人が昔ながらの働き方を求めているんですね。女性についても，多少のばらつきはありますが，非常に高く評価しているということなんです。

　しかし，次が問題なんです。会社に対しての，「君たちは忠誠心や帰属心は持っていますか？」という問い。確かに，「正社員がいいな」「長期的に一体感を持って働きたいな」というものの，一方で「会社が危機的な状況になったときに，一生懸命その立て直しに努力しますか？」と聞くと，それが「ノー」なんですね。「私は，忠誠心は落ちています」と答えている，マイナス評価のほうが，どの世代も多いです。

　先日，皆がいいなと思うような電子機器メーカーに就職した人が，「タイの洪水の影響で非常に残業も増えた。ボーナスも，下がってしまった。もう，こんなのやっていられない。早いところ転職したほうがキャリアアップになっていいですかね」というようなことを，入社2年目で言ってきました。終身雇用がいいなと思いつつも，会社が厳しいときには一生懸命立て直そうという気持ちはあまりない。

　さらに新入社員の会社選択理由をご覧いただきたいんですが，「自分の能力，個性を生かせるから」というのが，昔から最も高いです。ところが，最近ずっと落ち込んでいるのが「会社の将来性を考えて」という理由。これ，非常に少ないです。8％ぐらいです。それに対して，「仕事が面白いからその会社を選んだ」という人が多いです。この現状を見まして，会社は大卒を採っても会社の将来性なんて考えていないのかと思ってしまいます。「確かに，忠誠心ないですね。そんな中で終身雇用を望まれても，ちょっと私たちとしては……」というような声が企業側から上がってきてしまいます。でも，そのように忠誠心がなくなったのは本人だけの問題でしょうか。

　企業は，平成不況期にずいぶんと人をリストラしました。ある意味，労働

者にとって裏切り行為と思われるようなこともあったでしょう。すなわち，ここで申し上げたいことは，企業も労働者側も，今まで企業が成長すれば自分の生活向上もあったという，ある意味運命共同体的な雇用関係から，企業は企業，労働者は労働者というような，両者は一体性が失われた関係となり，そのような就業の状況があるということです。

その会社を選んだ理由として，「仕事が面白いから」というのが非常に多いんですが，働いていらっしゃる方にはすぐにお分かりになりますように，入って1年や2年で仕事が面白いなと思うことは，まず皆無です。覚えることばっかりで，怒られることばっかりで，つらいんです。ですから，入ってみたものの「話が違うな」，「こんなはずじゃなかったな」ということで，七五三現象と言われるような高い離職率になってしまいます。

これは，企業と新入社員と目指しているものが違うことがあります。会社側としては，新卒の正社員を採用するに際し，会社の将来を担ってくれる人と思っているのですが，ご本人たちはそうではない，すなわち，ミスマッチがあります。

この結果労働者側はどういう状況になるかというと，繰り返しになりますが，非常に不安定な状況です。正社員も，能力向上の機会が非常に減ってしまいました。正社員も，今教育を受けている人は，OJT[1]で6割弱。OFF-JTですと，年々下がっていますし，自己啓発もしない人のほうが多いです。そして，非正規従業員にいたっては，正社員以上に全般的に低いです。

このような状況が起きてしまっているというのは，正社員になった人も能力向上が問題になっているということです。会社側は，投資をして人を育てるというようなことに対して，非常に二の足を踏みます。なぜなら，「会社の将来性を考えていない人に，なんで投資をしなきゃいけないのか」ということですね。

しかしながら，企業側も人件費カットのために人員削減を実施しましたが，いざ，何か企業が危機的状況になったときには，それを支える人材がいないではないかということに，今気づいてはいます。そしてまた，日本社会とし

---

[1] OJTとはon the job trainingの略で，日常の業務を行いながら学ぶ教育訓練。Off-JTはoff the job trainingの略で，通常の仕事を一時的に離れて行う教育訓練のこと。

ても将来の日本を担う担い手が，育っていないという非常に深刻な状況です。

　今，私が取り組んでいる仕事を最後にご紹介します。今の状況では，企業にとっても大きなマイナスですし，また，本人にとっても非常に深刻です。そして，日本の社会にとっても問題です。こういう認識の下で，企業の人事の方と，大学のキャリアサポートセンターとの研究会を行っています。各業界1企業ずつ出てきていて，例えば商社ですと丸紅，食品ですと味の素，また小田急電鉄，損保ジャパン等々の人事の採用担当の方と，いわゆる大学のキャリアセンターなんですが，MARCH，早稲田，学習院大学など，大学生を送り出す最先端に立っている方。そして，私を含めた3名の研究者で「企業と労働者との問題ある関係を断ち切り，将来の社会の担い手となる若者をともにどのように育てていくべきか」という共同研究を行っています。

　企業にとって若年層の育成について何が問題になっており，また，大学教育に何を求めているのか。今の大学教育の何が問題なのか。それを明らかにして，社会で若者を育て，社会で次の担い手を育てていくべきではないかということを，今討論しているところです。

パネリスト報告2

若年雇用問題
―人材マネジメントの視点から―

立正大学経営学部准教授
西 岡 由 美

皆さん，こんにちは。先ほど戎野先生のほうから経済学の視点でのご報告がございましたが，私のほうからは経営学の視点，特に人材マネジメントの視点から，若年雇用の問題についてご報告させていただきたいと思います。

◆採用活動の動向

まず，「採用活動の動向」ということで，企業の募集方法についてお話をさせていただきます。1969年に株式会社リクルートが，新規学卒者向けの求人情報を1つの冊子にまとめる形で『リクルートブック』というものを発刊しました。これによって大学生の就職活動が大きく変化したと言われています。大学3年生の終わりもしくは4年生になると，自宅に厚手の電話帳のような冊子が届けられ，その中に何が入っているかというと，いろいろな企業の求人情報と，興味がある会社には無料で資料請求ができる簡易ハガキが入っています。

それ以前の新規大卒者の求人情報のやりとりは，企業が個別に各大学に求人票を持参し，大学の就職部を通じて新規学卒者の募集活動を行うのが主流でした。学生の側も就職を希望する場合には，大学の就職部に行って求人票を閲覧し，そこから興味のある企業に自分で直接電話をかけたり，手紙やハガキを出して資料請求をするという形をとっていました。しかし，この『リクルートブック』が発刊されたことによって，学生の側からすると求人情報

の収集が効率化され，また1冊にまとまって全国の大学生に配布されるので，企業の側としても地方の中小企業から大企業まで企業の立地や規模に関係なく，全国から大学生を募集できるようになりました。つまり，応募者の母集団の拡大がこの時期に起こりました。

現在はどうなっているかと言うと，さらに進化し，冊子形式からウェブ形式に移行しており，学生が就職活動のためのサイトに登録すると，そこから求人情報をはじめ就職に関するさまざまな情報が簡単に入手でき，さらに興味のある会社にはウェブ上でそのままエントリーできます。このようにインターネットの普及によって，ワンクリックで興味のある企業の求人情報が簡単に入手でき，簡単にエントリーできるしくみが構築されています。

◆就職情報のウェブ化に伴う弊害

現在では，募集・採用活動の隅々まで情報化が浸透しています。その結果として，どのようなことが起きているのでしょうか。2012年に卒業した学生1人あたりのエントリー数，つまり企業に資料請求をしたり，企業説明会への参加を登録した数は，平均でどれくらいだと思われますか。新規学卒者向け就職サイト「マイナビ」の「2012年卒学生就職モニター調査」によると，平均83.3社とかなりの数です。さらに多い学生の場合だと100社，200社にエントリーし，それらの企業の説明会に参加，もしくは情報を収集しています。そのため，すごく人気のある企業もしくは知名度の高い企業だと，エントリーする学生の数も10万を超えるケースもあります。これは，競争倍率で言うと500倍〜1,000倍。ちなみに，この倍率を東京大学（2012年（前期・後期合計）4.3倍）とか宝塚音楽学院（第100期23.1倍）と比べていただくと，どれほど倍率が高いかというのが分かるかと思います。今現在，学生はこういう状況の中で就職活動をしているのです。

どうしてこのようなことが起っているのかというと，その一因として応募する側，つまり学生の側が情報を容易に入手できるようになったことが考えられます。事前にサイトに登録しておけば，あとは自動的にどんどん就職情報が入ってくるので，情報過多の状況にあるとも言えます。従来であれば，

情報収集に手間がかかるため「本当に就職したい会社はどこなのか」，自分が興味のある企業を事前にある程度絞ってから就職活動をしていましたが，そういったことを考える前にどんどん情報が入ってくるので「あの会社もいいな」「この会社もいいな」というように，気がつくと平均83社にエントリーをしてしまっています。また，周りの友達もエントリーしているからと，焦ってとりあえずエントリーをしておこうとする傾向がみられます。その結果，たくさんの企業にエントリーしすぎてしまい，面接等の選考の段階に入る前の事前準備がきちんとできてない状態で，選考段階に進む学生も少なくありません。

　当然のことながら，たくさんの企業のことを調べようとすると大変です。10社を調べるのと80社を調べるのとでは，情報の深さや幅というものが変わってきます。このように情報がたくさんあることは学生にとってみると一見，すごく良いことのように見えますが，焦ってとりあえずエントリーしてしまい，その結果，本当に自分の希望する就職先がわからない，就職試験や面接の準備が間に合わず，就職活動の途中で自分を見失ってしまう学生が増えてきています。

　採用する企業の側からすると，「集団を増やす」，つまり応募してくれる学生の数を増やすということは，採用戦略の一つとして間違えていないというか，一つの方法として考えられます。なぜなら，たくさん応募してくれるとその中に含まれる優秀な人材が絶対数で増えていきます。割合では一緒かもしれないけれども，少ない数の中に含まれている優秀な人を探すよりも，より大きな母集団の中から探すほうが簡単だと考えて母集団を増やしたほうがいいのではないかと，これまで企業は母集団を増やすという方向で積極的に動いてきました。

　ただその結果として，一部の企業は多数の応募者が殺到するため，本当に

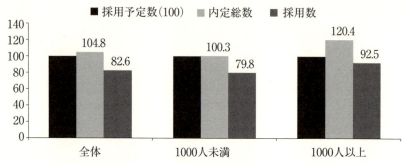

図表　採用予定者数，内定者数，採用者数
採用予定数を100とした場合の内定総数
および採用数（2011年3月卒）

出所：ワークス研究所（2012）「大卒採用構造に関する調査レポート」

　自分の会社に就職したい志望者を選び出すことが難しい，応募者が多すぎて選考にものすごく手間とコストがかかるといった問題に直面しています。説明会等のために事前に準備をしておいた会場では全員を収容できず，追加でさらに別の会場を借りたり，面接担当の社員は本来の業務ができないほど毎日面接ばかりしなければいけなくなっています。

　そのため採用プロセスにはいろいろな段階があり，今まで企業は，どちらかというと採用プロセスの「募集」に重きを置いていましたが，これからは，少しずつ「選考」重視に変更していくことが重要です。実際に母集団は小さくてもよいので，本当に自分の会社に就職したいと希望している人，もしくは本当に優秀な人を少ない中からきちんと選び出すというように，選考段階を重視する方向への移行を考える企業も増えてきています。

◆大学生の内定辞退，早期退職の問題

　つぎに，応募，選考の段階を経て内定した人についてみてみます。図表をみてください。これは企業がその年に採用しようと考えている人数，つまり採用予定者数を100とした場合のものです。内定総数というのは，「来年度か

ら，うちの会社で働いてくださいね」というように企業が内定を出している人数です。これをみると，内定者を採用予定数の100よりも多く出しているにもかかわらず，実際に企業が採用できているのは8割ぐらいになっています。

　どうしてこういうことが起るのか。せっかく内定したのにと考えてしまいますが，これには内定辞退者の問題があります。企業にとってみると，内定辞退はすごく大きな問題で，その年に予定していた人数が確保できないということは，企業の将来の成長を左右する問題につながってきます。特に大企業は8割以上が「内定を辞退した人がいる」と答えています。この調査は，およそ6,000社に質問していますので，かなりの数の企業で内定辞退者がいるということになります。

　さらに，内定辞退の時期が採用活動が終わる前であれば追加募集が可能ですが，実際には内定辞退の時期は採用活動の終了後，企業としては「必要な採用人数が確保できて良かった」とひと安心した後に，辞退者が出てしまっています。さらに，大企業ほど採用活動終了後の内定辞退の割合が多いというような傾向が見られます。

　いまお話したことをまとめさせていただくと，企業側の悩みとしては，採用予定人数よりも多くの内定者を出しているのにもかかわらず，実際には予定どおりに採用できない，人員を確保できない状態にあります。その背景には，内定を辞退するという学生の問題があり，大企業ほど内定辞退の問題は深刻であるということです。どうしてこのようなことが起こるのかというと，これは先ほどお話していた募集の話ともからんできます。

　先ほど申し上げたとおり，昨今の学生の就職活動においては，とりあえずエントリー志向が強いです。そして，とりあえずエントリーする際に何を判断基準にエントリーしているかというと，誰もが知っている有名な企業だとか，自分が普段から商品やサービスを利用している身近な企業，つまり大企業中心になっています。そのため，実際には大企業から内定をもらった後に，場合によっては内定をもらうまでの就職活動の段階で色々な企業を調べたり，そこで働いている人の話を聞いたり，内定をもらったほかの企業と見比べたりしているうちに「やはり，自分が就職したい会社はそこではなかった」と

感じる人がいるようです。つまり，事前にきちんとその企業のことを調べないで，もしくは自分が本当に就職したい企業なのかどうなのかを考えないで，とりあえずエントリーをし，そのまま内定してしまった人が内定辞退をしているという現状があります。

さらに，先ほど戎野先生のほうからもお話がありましたが，せっかく就職したにもかかわらず，すぐに辞めてしまう人も少なくありません。若年の離職率は他の層に比べて非常に高くなっています。新入社員の離職率は昔から七五三現象と呼ばれており，学歴別に「中学卒だと7割，高校卒だと5割，大学卒だと3割ぐらいの人が就職して3年以内に会社を辞めてしまう」現象が指摘されています。統計データによっては，この数値は少し改善されてきているようですが，それでも通常の離職率に比べて若年者，新規学卒者の離職率は高くなっています。

せっかく入社した企業をなぜすぐに辞めてしまうのか。この背景には，供給側と需要側のミスマッチがあります。これは一般に雇用のミスマッチと言われています。いろいろな雇用のミスマッチがありますが，他の年齢層に比べて若年層で特に多いミスマッチは，意識のミスマッチだと言われています。意識のミスマッチとは，就職して実際に働いてみると，自分が希望していた仕事，やりたかった仕事ではなかったといった理想と現実のギャップです。

実際に入社前と入社後で何にどれくらいのギャップがあったのかについての調査結果を見ますと，入社前後で若者はいろいろなギャップを感じているようですが，一番大きいものは「最初の配属先の決定」です。

日本の場合，新規学卒者に関しては即戦力として採用する，つまり専門的な知識や能力を基に仕事内容を決めて採用するということをほとんどしていません。そのため，どういった仕事を担当してもらうかは，企業の採用計画に基づいて採用した後に企業主導で決めていくというのが一般的です。結果として入社後，「やりたい仕事とは違った」「自分は人事部で働きたかったのに，営業に配属になった」という不満が生じています。

経営学のなかに「組織行動論」という学問領域がありますが，その中ではとくに「自分の期待や夢と，組織での仕事や職場環境の実際とのギャップに初めて出会うことから生じるショック」[1]を「リアリティ・ショック」と呼ん

でいます。仕事そのものに対するものもあれば，所属する組織に対するものなどいろいろと考えられますが，それらが解決されないままだと，早期に離職してしまったり，モチベーションが低下してしまう。また組織コミットメント，つまり組織に対する愛着とか忠誠心なども低下し，うまく企業や組織に適応できません。そして，こういうものが生じて解決されないままだと，個人にとっても企業にとってもいろいろな弊害が生じてしまうことが指摘されており，リアリティ・ショックを軽減させる方法として，RJP という理論があります。

◆RJP 理論

 日本ではまだあまり進められていませんが，RJP 理論とは，組織や仕事の実態について，良い面だけでなく悪い面も含めてリアリズムに徹した情報をきちんと個人に提供していくことで，雇用のミスマッチだったり，リアリティ・ショックというものを軽減させることができるというものです。

 米国を中心にかなり研究が進められていて，早期離職の防止策として広く効果が確認されています。その中の1つ，効果的に RJP を実現する採用方法として，体験的な就業を通じたマッチングがあります。

 日本での取り組みを例に挙げると，一つは紹介予定派遣です。紹介予定派遣とは一般的な派遣とは異なり，派遣先企業に直接雇用されることを前提に一定期間派遣社員として働いた後に，派遣先企業と本人が合意した場合にはその企業で正社員として働くこと，つまり職業紹介を前提とした派遣です。このほかにはトライアル雇用が挙げられます。これはハローワークを介してですが，採用前に一定の試用期間を設けて雇用し，実際に働いてもらった上で企業側と本人がお互いによければその企業で本採用してもらうという制度です。さらに最近，急激に増えているインターンシップもこの一例です。大学生もしくは高校生で就職を希望している人たちに，実際に企業で就業体験

1　Schein, E. H.（1978）Career Dynamics: Matching Individual and Organizational Needs, Addison-Wesley Publishing Co.（二村敏子・三善勝代訳『キャリア・ダイナミクス』白桃書房，1991年。）

をしてもらうというものです。こういったものがリアリティ・ショックを軽減させる方法として有効だと言われています。

◆日本企業におけるミスマッチ解消の動き

そこで、続いては現在、私が行っている共同研究のデータを用いて、企業がインターンシップにどのように取り組んでいるかという現状をご紹介したいと思います。株式会社日経リサーチが、毎年「働きやすい会社アンケート」というのを実施しており、その結果が日本経済新聞社から「働きやすい会社ランキング」として公表されています。

このランキングは企業側と従業員側、つまり実際に働いている人との両方のデータを元にランキングを付けているのですが、今日はそのうちの企業側のデータを使って、ミスマッチ解消に向けた企業の動きをご紹介をしたいと思います。

まず企業の採用動向ですが、ここで紹介するデータは大企業、有名企業が中心です。その中でも特に働きやすい会社のランキングに入っている企業のデータですので、先ほどご紹介した離職率とは異なり、新入社員の在籍率が非常に高い企業が多くなっています。数値で示すと平均91.1%ということですので、新入社員の入社3年後の離職率は10％未満という、すごく働きやすく、社員があまり辞めない企業というように捉えることができます。

ただ、もう少し細かくみると、それらの企業の中でも企業によって新入社員の入社3年後の在籍率が高い企業と低い企業に分かれます。そして、インターンシップ制度や早期の離職に対してなんらかの対策をとっている企業のほうが、在籍率は高くなっています。

在籍率の高い企業で、インターンシップを実施している会社は具体的にどのくらいなのかというと、既に約7割の企業がインターンシップを実施しています。

その結果、当初は、インターンシップを実施しているだけで「すごいね。あの企業、インターンシップをやっているんだって」と評価されていましたが、今は、インターンシップの中身に注目が集まってきています。

図表　働きやすい会社ランキング

順位	2010年度	2011年度	2012年度
1	ソニー	ソニー	パナソニック
2	東芝	日立製作所	日立製作所
3	パナソニック	東芝	東芝
4	日立製作所	パナソニック	ダイキン工業
5	凸版印刷	ダイキン工業	ソニー
6	富士通	富士フイルム	第一生命保険
7	ダイキン工業	キヤノン	富士フイルム
8	日本IBM	日本IBM	キヤノン
9	富士フイルム	資生堂	イオン
10	パナソニック電工	損害保険ジャパン	損害保険ジャパン

出典：就職・転職情報ナビ「働きやすい会社ランキング一覧」
(http://rank.in.coocan.jp/hatarakiyasui/main.html　2012.12.02)

　インターンシップの内容で一番多いのは，「職場や工場の業務を見学する」いわゆるお客さんとして学生に見に来てもらうという内容のものです。その次が，インターンに正社員の基幹的業務を担当してもらうとか，一部経験してもらうものです。正社員の補助的な業務を経験してもらうというものもあります。またそれらと少し異質なものとして，非正社員の業務の一部を体験してもらうという企業も12.4％と1割以上あります。つまり，新聞などで最近，問題が指摘されているインターンシップという名前を借りて，実際には労働力として，もしくは，無給のアルバイトとしてインターンを活用している「名ばかりインターンシップ」「負のインターンシップ」と呼ばれる内容を実施している可能性が高い企業も残念ながら含まれています。
　さらにインターンシップの期間ですが，半数の企業が「1週間〜2週間以内」ということで，長期まではいきませんが，ある程度は会社の中で仕事を体験してもらえる期間を設ける会社が多くなっています。
　続いて早期離職への対策ですが，「若手が辞めないように何らかの対策をしていますか」という質問に対して，「すでに何らかの対策を実施している」

という企業が9割弱と圧倒的に多くなっています。さらに若い人たちが辞めないように，会社として実際にどういう取り組みをしているかというと，「研修制度の充実」に力をいれています。こういった新入社員の離職防止のための研修を，実は入社する前から始めている企業も少なくありません。内定後に，実際に企業に来てもらって研修を受講してもらったり，あるいはインターネットを活用してeラーニングという形で入社前に研修を受けてもらったり，特に金融・保険業界に多いのですが，早めに業務に必要な資格が取得できるようにそのための教材を配布したり，レポートを提出してもらったりしています。

　あとは，「個別の面談指導」です。個別に人事担当者や配属予定の部署の管理者が内定者に会って，本人と入社後の仕事やキャリアに関する面談を行ったり，先輩社員との懇談を通して職場の雰囲気や仕事内容を知ってもらうということを行なっています。

　次に，実際に新入社員の在籍率が高い企業と低い企業でインターンシップの実施状況にどのような差があるのか見ていきます。大卒（大学院卒を含む）の社員のみを対象としていますが，新入社員の入社3年後の在籍率が高い企業と低い企業では，「在籍率の高い企業のほうが，インターンシップを実施している傾向にある」といえます。また在籍率の高い企業のほうがインターンシップの期間が長く，中身も充実したものを実施しています。

　また，「新卒の採用活動において，どういうことを公開していますか」という質問の結果を見てみると，在籍率の高い企業の方は，有給の取得率や休日出勤，残業時間，離職率など，企業にとってあまり表に出したくないような情報を就職活動の学生にきちんと開示する傾向が強いです。言い換えると本来，企業としては公開したくないような情報まで開示している企業のほうが，新入社員の定着率がよいという結果が出ています。

　最後に，今までお話しした内容をもとに，人材マネジメントの視点から企業が取り組むべき課題を中心にまとめたいと思います。

　第一に，インターンシップについてです。インターンシップというのは，雇用のミスマッチやリアリティ・ショックを緩和するための非常に有効な1つの手段だと考えることができます。

ただし，今までのようにただ単にインターンシップを実施するというのではなく，インターンシップの中身，つまり質がすごく重要になってきています。さらにインターンシップに参加することは，企業にとっても学生にとっても負担の大きいものになってきています。以前はインターンシップを実施してもなかなか学生が集まらない，応募者が定員を満たないという企業が多かったのですが，今は就職活動前にインターンシップに参加しておいたほうが良いと考える学生が多くなっています。そのために，人気の企業に関しては応募者が多く，インターンシップに参加するための倍率は100倍以上になっています。また参加するために事前にエントリーシートを提出したり，面接があったり，グループディスカッションがあったりします。

　つまり，就職活動をするのと同じような状況がインターンシップへの参加に際して起っており，インターンシップに参加したいと言っても容易に参加できるというものではなくなっています。

　また企業が行うインターンシップは，いくつかのパターンに分かれています。先ほど説明したように，インターンシップの内容を見てみると工場見学とか企業見学というようにお客様として学生を受け入れている場合と，将来一緒に働くかもしれない仲間として業務を担当してもらう，場合によっては新規プロジェクトにメンバーとして入ってもらい，新しいアイデアを学生に提案してもらい，良いアイデアがあればそれを商品化につなげるということを行っている企業もあります。一方で「名ばかりインターンシップ」と申し上げましたが，ただ単に労働力としてインターンを活用している企業もあります。インターンシップに対してはそれぞれの企業で考え方は異なるかと思いますが，これからはもう少しインターンシップの質をきちんと考えていかなければいけません。またエントリーする学生の側も，きちんと中身を見てインターンシップに参加しないと，ただ単に労働力として使われているだけという可能性があることを認識する必要があります。

　第二に，近年，日本企業が抱える若年層の問題として，早期退職とメンタルヘルスの問題が指摘されています。人事担当者が集まる研究会でも，新人，若手の問題としてよく採り上げられているのがこの２つです。それらを防止するためにどういうことをすべきかについては，採用活動のいくつかの段階

でできることがあると思います。これについては，「採用前」，「採用段階」，「採用後」のそれぞれの段階で，若年層にとって良い取り組みを，単発型ではなくハイブリッド型で，すなわちインターンシップだけを行うのではなく，学生への企業情報の周知方法，募集方法，選考方法，内定者フォロー，初任配置などもう少し組み合わせを考慮するかたちで対策を考えていく必要があります。

　第三に，企業の人事部のこれからの大きな問題としては，採用ルートの多様化という問題があります。新聞などでも秋入学という言葉をよく目にするようになりましたが，海外に留学する学生，留学により就職活動が従来の大学生と異なる学生が増えています。そうなると，日本企業の多くは，これまで大学生を同じ時期に一括して採用ができていたわけですが，これからはそれでは優秀な学生を採用することができなくなってきます。つまりこういった面でも採用マネジメントにおいて，一時期に母集団をたくさん集める，応募者数を多くするというような今までの戦略ではなくて，もう少し応募者のなかからきちんと選考をしていくしくみに変えていかなければなりません。

　このように人材マネジメントの視点からみると，これまで日本企業が行ってきた採用のしくみは大きく変化しており，それに対応する新しい採用の在り方を考えるべき時期が到来していると言えます。

パネルディスカッション

司会 それでは，これよりパネルディスカッションに移ります。最初にパネリスト，コメンテーターのご紹介をいたします。

皆さまから向かって右側の方からご紹介を申し上げます。先ほどパネリスト報告をいただきました立正大学経営学部准教授西岡由美さん。同じくパネリスト報告をいただきました立正大学経済学部教授戎野淑子さん。基調講演を賜りました弁護士の小川英郎さん。コメンテーターとして，特定非営利活動法人教育サポートセンター NIRE の矢沢宏之さん。そして，コーディネーターは立正大学法学部准教授大島英樹さんです。

それでは大島先生，よろしくお願いいたします。

大島 皆さま，こんにちは。ただ今ご紹介いただきました，法学部の大島です。前半に「若年雇用問題の背景と課題」という形で3人の先生方からお話をいただきました。これからは，いよいよ展望というお話になっていくのかなと思います。限られた時間ですが，お付き合いいただければと思います。

この展望についてですけれども，初めにコメンテーターとして NPO 法人教育サポートセンター NIRE の矢沢さんからコメントをいただきまして，そのあとゲストコメントの方々からお話をいただくというような流れで，これから進行してまいりたいと思います。

それでは，初めに矢沢さんからお願いいたします。

◆コメント：若者支援の NPO の立場から

矢沢 皆さん，こんにちは。矢沢と申します。私はご紹介いただいた NPO で若者支援を品川の地域でやっています。若者支援というのは，具体的に言えばひきこもりの支援です。私どもは塾を30年来品川の地でやっていまして，不登校の生徒ですとか，なかなか勉強ができない生徒，そういう子

たちをずっと扱ってきました。そういう中で8年前に，特にLD，ADHD，アスペルガーの発達障害[1]を持つ子どもたちの支援を行うNPOを立ち上げました。子どもたちが成長していくにつれて，やはりそういう子たちがどうしても社会と結びつくことがなかなかできづらい，就職や自立がしづらいということで，若者支援に取り組んでいます。

東京都若者社会参加応援事業の助成を受けて，研究団体，登録団体としてフリースペースの事業，社会体験の事業を今，展開しているところです。

また，私どもとしても若者の働く場を作ろうということでラーメン店「麺処はるにれ」を作ったり，ウェブの製作などの仕事をおこなっているところです。そういう中で，今回3人の方のお話を聞いた上で私が思うところを少し述べたいと思っております。

まず一つは，発達障害の問題です。なかなか発達障害の方というのは，見た目では分らないんですね。最新の文科省の調査によると，約6.5％が発達障害じゃないかと言われています。そうすると，先ほどの若年の失業率5.7％というと，非常に似かよった数字が出ているのかなというふうに，まず，今思っています。彼らは小学校，中学校，高校と進む中でいじめですとか，からかいの対象になりやすいんですね。なおかつ，なかなか適切な指導，援助を受けないと勉強が分らないというところがあったり，こだわりが強いところがあったり，なかなか学業にうまく入れない。そして，勉強はどうにかできた，学校はどうにか出たんだけれども，実際の仕事の

---

[1] 発達障害はいくつかのタイプに分類されており，自閉症，アスペルガー症候群，注意欠如・多動性障害（ADHD），学習障害，チック障害などが含まれます。これらは，生まれつき脳の一部の機能に障害があるという点が共通しています。同じ人に，いくつかのタイプの発達障害があることも珍しくなく，そのため，同じ障害がある人同士でもまったく似ていないように見えることがあります。個人差がとても大きいという点が，「発達障害」の特徴といれるかもしれません。（厚労省のホームページより http://www.mhlw.go.jp/kokoro/know/disease_develop.html）

現場に行くと，なかなかコミュニケーションが取れなくて苦労をするという例がたくさんあります。就職してみて初めて「私は発達障害じゃないか」という若者もたくさん出ているというのが1つです。

　2つ目が，これと絡めて，やはり中退問題が非常に大きいと私は思っています。中学校まではたとえ不登校とかになった場合でも学校の先生が電話をしたり，地域の方がいろいろな形で，不登校だという形で支援をするわけです。けれども，高校中退，そして大学の中退になりますと，相談する場から切れてしまう。そういうところでひきこもりになりやすいですし，このひきこもりは長期化すればするほど回復するのに非常に時間がかかりますので，そこに早期対応の必要があります。中退から相談へなんとかしてつなげたいというのが，私たちの考えているところです。

　それから3つ目ですね。お三方ともおっしゃっていたように，企業とのミスマッチという問題があります。実は私は東京中小企業家同友会品川支部というところで産学の活動ということをやっています。立正大学の経営学部さんとは20年来のお付き合いで，実際に立正大学の経営学部の中で経営者が授業をするという講座をやっています。そういう中で，学生たちは中小企業に対して最初はあまり興味，関心がないんです。けれども，やはり話を聞く中で興味関心が出てきて，「今までは大企業しか考えなかったけれども，中小企業もあるんだ。そのほうが，自分のやりがいも出てくるな」ということで考える学生さんも多数出ています。ですので，そういう点で中小企業の，具体的には中小企業の社長およびそこで働いている人たちと，もっとうまくつながれることが非常に大事なのかなというふうに思っています。

　私どもの仲間であります品川の支部の製造業の方，小売業の方は人がいなくて大変だという。私のところにも電話がかかってきて，「アルバイトはいないか」と言われます。特にそういうことが多いのは繁忙期です。どうしても企業経営は苦しいですから，必要な段階で人が欲しいんです。ですから，そこにただ単に派遣みたいなことではなくて，ちゃんとそこにあてがいながら，なおかつキャリア形成ができるようなシステムを作っていけば，企業に結びつきながら自分のキャリアもアップできるようなことも

できるじゃないかと，今話を聞いて感じていました。一応，この3つを話として終わりたいと思います。

大島 矢沢さん，ありがとうございました。では次に，多面的にということをよりていねいに追求したいと思いまして，若年雇用の実務に携わるゲストスピーカーの方に3人ほどコメントをいただきたいと思います。それぞれ異なるお立場から，今も矢沢さんからご指摘のあったようなところにもからんでいくお話もお聞きできるのではないかと思いますので，そのような進行をさせていただければと思います。

それでは，埼玉県社会保険労務士会熊谷支部の瀬谷卓美様，よろしくお願いいたします。

◆社会保険労務士の立場から

瀬谷 ただ今ご紹介をいただきました，社会保険労務士会の地元の熊谷支部の支部長でございます瀬谷です。「展望」ということ，それから「それぞれの立場で」ということがありましたので，一言ご説明させていただいた上でお話をさせていただこうかと思います。

まずひとつ，社会保険労務士の立場というのは，学校との関係でお話をするときには，「私たちは企業の代表，人事部長と会う仕事です」というお話をしています。学生さんに向けてもそのような説明をさせていただいて，「何をやっているんですか」と言われるときに，「会社の人事のことについてアドバイスをしていますよ」というお話をしています。

もうひとつ，重要な立場なんですが，実は地元の産学連携というところで学生さんに少し実務家として教える仕事，授業を持たせていただいているんです。従って学生さんと直接触れ合っております。

その中で展望というところと，先ほどの皆さんへのコメントというところとを，つなげてお話をさせていただきます。

私たちが学生さんとお話をするときに，実務家，特に実務面で労働問題，それから社会保障問題というところについて知っておいてくださいといいます。大学生に対して，必ず「こういうことが現場で起っているよ」。本

に出てくるのと違って「社長さんってこういうことを言いますよ」と話します。それから，例えば，「アルバイトの中で，賃金から振込手数料を引かれたことない？」「これ，どうなんだ？」こういう問いかけをして，お一人ずつ発表してもらって議論をしてみます。われわれの会員のアイデアで身近なテーマをゼミ形式でお話をして，最後に学生さんに感想を聞いているんですね。そうしますと，「こういう話を知らなかった」となります。「労働基準法でこうなっているよ。アルバイトでも有給休暇，あるんだよ」というと，「知らなかった」ということを言うわけです。「今のうちに知っておいて良かった」という話もされます。こういう話は義務教育ではないけれども，今からでも遅くはないから「法学部なのだから，そういうようなことを知っておいてください」という話をします。

　ところが一方で実務家として，これとはちょっと違う観点から考えなければいけない。それは何かと言いますと，企業の社長のほうに聞くと，労働基準法に非常に詳しくて権利意識がとても高い学生が，「『企業はこうしなければいけない』といったことを採用の面接で言ったら，採らない」というんですよ。それで採られなかったらとんでもないです。仕方なく学生に言うのは「われわれはよく知っている。社長の立場も分かるし，自分たちの立場も分かる。それが法学部の悩みなんだ」と。「どっちの価値を優先するかということで悩んで，それを学問としてやってきた」と言いなさいと，例えばそういうことを言うんです。

　われわれが与えられた社労士という立場，加えて産学の連携の立場で学生さんたちにお話をする，これが今後の展望に生かしていければいいなと思っています。

大島　瀬谷様，ありがとうございました。それでは，次は学校教育の立場から，進路指導のご担当なさっている埼玉県立深谷商業高校町田進一先生よりお願いいたします。

◆高等学校（商業高校）教育の現場から

町田　皆さん，こんにちは。ただ今紹介にあずかりました埼玉県立深谷商業

高等学校の進路指導部を担当しております町田と申します。
　深谷商業高校は埼玉県内で一番古い県立の商業学校であります。各時代において，埼玉の商業教育の中心校として今までやっていまいりました。昨年度卒業した生徒が275名おりますが，うち，全商という商業高校が所属している協会で実施しております検定試験の1級を，3種目以上取得して卒業した生徒が127名おります。埼玉県内では断トツ1位の結果になっており，全国にしてみると22位という位置におります。
　私は商業の教員なんですが，その資格指導と就職指導，こちらが今大変悩ましいことでありまして，資格を取ったけれども就職がなかなかできないと，これが現実に起ってきているというのが非常に大きな問題になっております。
　先程来から，ミスマッチという言葉がございますが，資格指導と就職指導についてもミスマッチが出てきているのが実情であります。
　いろいろな中から「全商協会と言われるのは商業高校の協会であるから，そういった検定試験よりも，やはり日本商工会議所や経産省の資格，こういったものじゃないから駄目なんじゃないか」というような言葉もございます。本校では，経産省の主催する情報処理関係の検定試験，それから日本商工会議所の主催する簿記検定試験等も，多くの合格者を出しているんですが，やはりその辺の資格を取っていても難しいところがございます。
　それから，就職の希望者に対して就職内定率をみますと，現在深谷商業は280名の定員ですが，今年度は113名の就職希望者がおります。現在のところ104名が内定をしておる状況でございますが，まだ9名が決まっていないというような状況です。
　昨年は3月の卒業式間近まで頑張って100％まで持っていきましたが，今年も9名，まだ決まっていない者がおりますので，こちらのほうもなんとかして就職をさせて卒業させなくてはいけないというような形で，われわれも頑張っております。そういう中で，その9名も資格を持っていないわけじゃないんですが，やはり資格だけだとどうしてもコミュニケーションの問題であるとかその辺のところがございますので，企業様から言われることは，「深商の生徒は，資格は持っていてほかの高校の生徒よりいい

んだけれども，もうちょっとコミュニケーションが取れるようになってくれるといいんだけどな」というような話等もうかがいます。こちらのコミュニケーションの問題についても考えながら，われわれ商業科の教員がどこかでいい方策を練っていかないといけないのかなと思います。

昔であれば，上下関係やら外部とのコミュニケーションを取る手段として部活動がよくあげられていたわけですが，現在のところ，その部活動も少しずつですが衰退と言いますか縮小してきている。そういう状況の中で，大変苦戦しているようなところもございます。

商業高校でありながら就職ができないというのは，これは県民の皆さまや保護者の方々から「商業高校なのに就職できないんじゃ，これは困っちゃうね」というようなことをよく言われますので，その辺のところもふまえて進路指導に今頑張っているわけですが，資格取得の問題やらコミュニケーションの問題やら，ミスマッチの問題等たくさんありますので，そこら辺のところも考えながら進路指導をしていきたいなというふうに思っております。

大島 町田先生，ありがとうございました。それでは，引き続き本学のキャリア教育を担当しておりますキャリアサポートセンター長の下垣伸吉さん。よろしくお願いいたします。

◆大学の就職センターから

下垣 下垣です。われわれキャリアサポートセンターは，現在の対象学生，4年生が約2,900人いるんですけれども，卒業見込みの立たない者もおりますので，3，4年生合わせて5,000名を超える学生を対象にしております。

今，100％の就職率という話がありましたけれども，われわれは昨年度比10％をなんとかアップしようということで目標を立てて，いろんな方策を取っているところです。

われわれの仕事は，学生を社会にスムーズに接続することが使命となります。従って，きちんとしたキャリアビジョンを持つこと，それから，今

社会に出るためにはどうしても就職試験ですね。こちらをクリアしないと社会に入っていけないということですから，そういう使命感を持って行なっています。

　先程のご報告で三つありました。まず，発達障害ですけれども，われわれも非常に悩ましいところです。やはり発達障害を持った学生が相談に来てくれるんですが，キャリアサポートセンターでは残念ながら十分な対応はできていない。大学全体でどう対応をするかというのは考えていただいておりますので，そちらのほうで具体的な手段をとっていきたいというふうに思います。

　二つ目，大学中退の問題ですけれども，4年生になって卒業見込みの立たない4年生。これは，基本的に就活で言うと3年生と同じ扱いになります。こちらの就職指導もなかなかできていないということがあります。今事業計画を練っているところでございますけれども，その辺にも力を入れていかなければいけない。従来の力点の配分は3年生が一番で，4年生，2年生と続きましたけれども，今後はやはり4年生を3年生よりも重視するような形を考えようかというところで議論しています。

　三つ目に，ミスマッチの件です。いろいろなミスマッチがあります。われわれがどこに力を入れるかということですけれども，就職率を10％上げるためには，学生を何層かに分けます。放っておいても積極的に活動して就職してくれる学生。それから，おおよそ就職には問題がない学生。これは，キャリアサポートセンターをよく利用してくれます。われわれは大崎，熊谷で年間190日イベントをやっておりまして，中には日本一だというふうに自慢する課員もおります。われわれは，センターを利用してくれる学生，イベントに参加してくれる学生，どうしてもその辺が対象となっています。しかし全体を考えれば，やはりその下，就職意識が低くてなかなか行動に結びついていない学生を対象にする必要がある。ところが，彼らはセンターを利用してくれないんですね。

　さきほど発達障害の話をしましたけど，そのグレーゾーン。やや，精神的なものが不安定であったり，それから挙動にちょっと問題があるんじゃないかという学生の面倒を見ないと全体的な就職率が上がらないというふ

うに認識しています。しかし，これは本当に手間がかかります。

　就職意識が低い一部の学生は，本当に就職したいと思っているのか分からないときがありますね。働いてみないと分からないというところがありますけれども，職種とか業種を絞ったりしていくと「本当に就職したい気があるのか」と感じるときがあります。

　日本経済新聞に出ておりましたけれども，明確なキャリアビジョンを持つ時期ですけれども，日本は大学生以降ですが，諸外国，中国，韓国，アメリカはもう高校卒業時に約70％持っているという話なんです。その記事では，やはりそこに至るまでのキャリア教育というものが必要ではないか，そこに違いがあるんじゃないかという指摘がありました。昨今，言われてきていますので，小，中，高のキャリア教育に期待をしているところですけれども，現状では大学で行なわなければいけないという状況があります。この辺も大学全体で取り組んでいかなければいけないと思っていますし，そういった教育や支援を行なっているということで，ご報告を終わります。

大島　下垣さん，ありがとうございました。

　3人の方にゲストコメントをいただきましたが，ここで2人の当事者の声も聞いてみたいと思います。お一人は卒業生，そしてもう一人，現役の在学生からという形でお聞きしたいと思います。それでは，法学部卒業生の西畑綾さん，お願いします。

◆当事者の立場から

西畑　法学部の卒業生の西畑と申します。本日のお話を聞いて，感想になってしまうんですが，思ったことがあるのでいくつか発言していこうかなと思います。

　最初に，「ブラック企業には厳しい目を向けなければならない」というお話がありましたが，ブラック企業を成り立たせているのもわれわれなのではないか思うところです。そのあとのお話で小売店は人が欲しいというお話もありました。小売りのほうでかなり厳しい待遇の中働いていて，もう転職を考えているというふうな話を，よく友人から聞くことがあります。

こういったブラック企業みたいな状態になっている小売りなんかで，働いていこうと考えるのは難しいのかなと思ったところがありました。

あとは，「大学生は事務系が好きな傾向がある」という話があったのですが，まさにそのとおりだなと思いました。その中で，「サービス系とか製造系は人材を欲しがっている」というお話もありましたが，先ほど言ったとおり，そういった業種に限って聞こえてくる話は「ブラック企業だ」とか，「待遇が良くない」という話なので，大学生はそういうのから離れていく傾向があるのもしょうがないのかなというふうに思いました。

大島 ありがとうございました。それでは，引き続きまして現役の3年生，12月1日にいよいよ就職活動が始まったところですけれども，法学部3年生の白田瑠奈さんからお願いします。

白田 今ご紹介していただきました，この12月から就職活動が始まっている法学部3年の白田と申します。今回は，若者の雇用問題ということで，就活を目前に控えている私たちが今一番頭を悩ませている問題についてお話しくださったので，とても興味深く聞かせていただきました。

私がパネリストの皆さんの話を聞いて一番気になったのが，若者の早期離職の問題です。私はこれまでも就職活動をしている先輩方の姿を間近で見る機会がたくさんありました。卒業した今でも仲良くさせていただいている先輩が3人ほどいるのですが，その3人中2人が，入社半年以内に自ら会社を辞めて，すでに転職しております。

お話の中に「とりあえずエントリー」という，とりあえずエントリーして受かった会社に入ってしまう人も多いということをうかがったのですが，その先輩たちもそうだったのかなと思いながら聞いていました。

これから就職活動を始める私たちは，その先輩たちの反省と，今日お話いただいた皆さんの話をふまえて，少しでもこれからの就職活動に活かしていけたらと思います。

大島 ありがとうございました。決意表明みたいなことを，ありがとうございます。

だいぶたくさんのそれぞれのお立場の方からのご発言をうかがえたかと思いますけれども，こうした方々のご発言をふまえまして，初めにご登壇

いただきました皆さまから，それぞれのご専門の立場から，それぞれのコメントやご感想，ご意見といったようなところに対して応答ということがお願いできればと思います。

それでは，奥のほうからで，西岡先生からお願いします。よろしくお願いいたします。

◆パネリストからの応答

西岡　いろいろと有益なコメントをいただき，ありがとうございました。皆さまのお話をうかがっていて私自身，感じたことがいくつかあります。

まず1つ目ですが，皆さまからのコメントに対応するような取り組みについてです。経営学部では産学連携に力をいれており，フィールドワーク，各種イベント，授業等の中で，実際に働いている企業の方々と接する機会というものを多く設けるようにしています。

その中で，私自身が学生の声として聞いているのは，やはり「先生から言われていることと，実際に企業の方から聞いてみるのとでは，感じるものが全く違う」ということです。学問として「こういう現状や考え方がある」ということを学ぶことも重要ですが，実際に働いていらっしゃる方，もしくは社長の方からお話しいただくことは，学生にとってみるとすごく刺激になるし，受け止め方も全く違います。これからは，私が所属する学部もそうですし，大学全体としてもやはりそういった産学連携という部分に積極的に取り組んでいかなければいけない，また取り組むことによって学生にとって有益な機会を提供できるのではないかと感じています。

2つ目に，若年と言っても本当に多様です。本日，私からお話しさせていただいたのは経営学，つまり採用する側の企業の立場からということでしたが，近年，採用される側の学生も大きく変化して

います。今回は若年者の中でも就職に対する意識が高く，かつ就職活動を積極的に行っている大学生を想定した企業の採用活動についてお話をさせていただきました。しかし，実際の就職活動への取り組み状況をみると若年者は本当に多様ですし，さらにどんどん多様化していますので，大学も企業もこれからの若年層にどのように対応していくのかということをきちんと考えなければいけません。今までのように，すべての人を一括して同じように捉えていくことは，働く上でも生活していく上でも難しいのではないかなと感じました。

　3つ目に，先ほど私のほうから「今の学生には就職に関する情報がたくさんあるんですよ」という話をさせていただきましたが，実際に学生の立場になってみると，「本当に，情報が多すぎて，どうしていいのか分らない」状態になっています。

　先ほどもこの12月から就職活動をされる方がお話しされていましたが，ゼミ生などからの相談で一番多いのは，「就職活動が始まったんだけれども，自分は何をしていいのか分からない。どこの会社で何をしたいのか，どう働きたいのかが分からない」というものです。

　そういうことに対して誘導する必要はないですが，大学で実社会に即した形で，例えば企業の方と接する機会を設けて，できるだけ早い時期に自分で就職ということを考える機会というものを作っていければいいのではないかなと思いました。

大島　ありがとうございました。それでは，続きまして戎野先生からお願いいたします。

戎野　はい。いろいろと貴重なお話，ありがとうございます。私のほうからも感想といいますか，いろいろと考えさせられることがたくさんありましたので，その中から3点ほどお話しさせていただきたいと思います。

　今，西岡先生からもありましたけれども，私は今の就職活動の一つの大きな問題は，情報がありすぎるということだと思います。しかも，情報が大量にあるといいながら，実は，重要な核心部分の内容は伝わっていないということです。これは，企業の方々とともに研究会で今の新卒の問題を議論したとき，各企業はそれなりにビジョンを持って採用をしているにも

かかわらず，その具体的内容が表示されていないということが明らかになりました。私どもからもどのような能力を求めているのか，どのような人材が必要なのか等々，学生には伝わっていない，ということを強く言っているんですが，企業側としては求める人材像はある程度伝わっていると考えており，その辺はあまり認識されていなかったということがあります。

　20年前までさかのぼりますと，これまでそういう問題があまり発生しなかったのは，OB・OGとの関係が非常に深かったんです。ところが個人情報の問題が非常に厳しくなって以来，OB・OGとの連携というのがなかなか難しくなりまして，いわゆるどこに出してもいい情報ばかりが，一斉に大量に流れる。その中で学生がどれが大切な内容なのかを選抜するということは，働いてもいないのに，極めて難しいことです。

　どこへ行っても「コミュニケーション能力が大切だ」「積極性だ」とかみんな同じ言葉が並んでいて，自分の適性なんて探せられないんです。非常に迷走してしまうという状況があります。これに打つ手は何かと言ったときに，先に少し触れましたけれども，やはり産学でもっと膝をつき合わせたような情報交換が必要です。

　インターンシップがすでに就活の第一線になってきています。そこで，インターンシップに入れるか入れないかが，就職に響くのではないかと学生が思ってきますと，本当に聞きたいことを，社会人の先輩たちに聞けず，自分のいいところを見せるので精一杯になってきます。そうなってきますと，大学にキャリア教育はあるものの，実際に，本当の自分をさらけ出して，自分に適した仕事は何なのか，どのような働き方が向いているのか等々探せる期間はいつあるのかという状況です。

　私のゼミで，この問題に取り組んでみようかなということで，連合の一部の労働組合の方がボランティアで来て下さる会が月に1回ぐらいあり，ほかの大学のいくつかのゼミと合同で，そこに参加しています。そこでは，まずは働く者の目線で，今働いている人がどんなことにつまずき，どんなところに苦労し，そのときにどうやって乗り越えていくのかという話をしてもらっています。そのときは，社会人の先輩であって，決して採用担当者ではないので，学生がどんなおかしな質問をしても，評価して就職に影

響することはありません。

　いろんな業界の人が来てくれて，もちろんその中には元採用担当だった方もいるんです。けれども，そういう立場では話しませんし，「どんなおかしなこと，失礼なことを言ってもいいよ」と言って，自分の失敗談なども話してくれていますし，またどのような質問にも真剣に答えてくれています。そのため，学生は非常にいろんなことを聞いています。

　それこそ，「休みの日というのは，リラックスできますか」とか，「失敗したときは，すぐにクビになるんですか」とか，本当に稚拙なことですけれども，質問しています。でも，そのことによって，学生は「ホッとした」と言うんです。「なんだ，自分も頑張れば社会人になれるかもしれない」そういった橋渡しを学校もやっていかないといけないんじゃないかなというふうに，私は思っています。

　また，2点目になるんですけれども，よく企業の人事の方から，求める人材としてコミュニケーション力が必要であるとか，積極性，打たれ強い人間を求める，等々言われますが，こんなことを急に3年生の12月1日に気づいても，突然育成できません。これをどうやって作っていくのか。これは，まさしく日々の学校での勉強や生活そのものだと思うんです。

　また，学生は5年後，10年後のビジョンとかを一生懸命作ります。ところが，企業の方々は「実際に思い描いたように人生を歩んでいる人間なんか，うちの会社には1人もいませんよ。それを今の若者は5年後，10年後こうならなきゃいけないんだ」みたいに思って就職されても困ると言います。

　もともと企業が聞いていることはそんなことじゃないんですね。先ほどもお話しましたように，会社側は，将来会社を担っていく人材として，学生たちは「どんなことを会社に期待して，どんなことをやろうと思って来ているのかな」ということを聞きたいんだと思います。けれども，ハウツーものを勉強してきている学生としては，「このとおりにならないのはおかしいんじゃないか」と思っていくわけです。キャリア教育も，今，一部ゆがんだものになってしまっていて，見直しが必要なのではないかと考えています。

そして，何よりも日々のゼミや講義，勉強，そしてサークル活動。そういったものを充実させていくということが，実は自分の人生を開く第一歩になっていくんじゃないかなと思います。

　それから3点目なんですが，今，大学進学率が50％を越えたと申し上げましたけれども，まさに企業側も大卒から何人採って，高卒から何人採って，高専から何人採っていいか，これまでとは変更を余儀なくされてきていると思います。ところが，どこでどういう人材が輩出されてくるのかが見えなくなっている。

　まさに今，日本の大学は，国内だけじゃなくて海外と競争しているんですね。海外の大学生と競争をしなければいけないわけです。そのときに韓国では先日もあったんですけれども，日本の企業を呼んで「韓国のこの大学では，こういう人材を育てていますよ」「ここの高校では，こういう人材を育成していますよ」と。日本の企業を無償で招待して，次々，売り込んでいきます。それに対して日本の大学を出た学生は，「なんとなく経済学部出ました」みたいな，何をやっていたのか分らないということでは，国際競争の中でやっていけません。まさに国際的な競争の中で，大学は人を育てていかなきゃいけないと感じているところです。

大島　ありがとうございました。それでは，続きまして小川先生，お願いいたします。

小川　はい。皆さんからの貴重なご意見，どうもありがとうございました。私は弁護士ですので，普段の仕事というのはトラブルになった方が相談に来て交渉したり，裁判をしたり調停をしたりということですので，たぶん私が見ている労働の現場というのは，一番病理が出てきている。そういうところばかり見ているものですから少し意見が偏っているような気がしているんですけれども，先生方のご意見をおうかがいして，少し修正できたかなと思っています。

　私から申し上げたいのは，1つは離職の問題とミスマッチなんですけれども，われわれが大学を卒業して就職したころと比べますと，「若者側に問題がある」というふうにかなり言われるようになって来ているような印象を強く受けておりまして，その辺が個人的には違和感を持っています。

例えばミスマッチの問題。もちろん企業，大きく見ると若者と雇用のミスマッチということが出てくるんでしょうけれども，具体的なミスマッチというのは，だいたいの場合は上司とのミスマッチなんですよね。自分が最初に会った上司の下で働くわけですけれども，そこでコミュニケーションがうまく取れない。あるいは，ハラスメント的なことが起きる。そういうことで悩んで辞めていく。これが，たぶんかなり多いんじゃないかというふうに思います。だから，企業全体のミスマッチという問題もありますけれども，個別のミクロで見ていきますと，個々の上司との関係はどうだったのか。上司とトラブルが起きたときに，会社はそれをどういうふうにケアしているのかと，そういった管理体制の欠如がある企業が，おそらく離職率が高いんじゃないかというふうに思います。

　では，どうしてそういう上司とのミスマッチ，働きにくい職場が増えているのかといいますと，やはりこれも企業の人事管理体制が大きく変わったことがあると思います。成果主義賃金ということを昔から言われていますけれども，今は昔のようにチームで働くということが少なくなっていて，個々の労働者を一人一人評価していくというふうに個別に人事管理をする企業が非常に増えてきているわけですね。そうしますと，みんなで連帯して働くというよりは，一人一人がそれぞれ自分でやりましょうということになって，なかなか一緒にやろうという雰囲気が出てこない。そういうところからさまざまな問題が出てきて，メンタルヘルスの問題にもつながっているんじゃないかなと思います。

　もうひとつ，働く人のきちんとした組織として労働組合というのは非常に重要なんですけれども，これがなかなか機能していないというのが非常に大きい。例えばドイツなどでは組合はなくても従業員代表という制度がありまして，その職場のことを従業員代表の方がきちんと権限をもって経営側と交渉する制度が整備されているんですけれども，日本は，残念ながらそういったものがない。

　例えば，残業させるときには36協定[2]という協定を結ばないといけないわけですが，組合のないところは過半数代表者という人を選んで，その人が協定を結びます。この過半数代表者を選ぶときには，きちんと選挙なり，

挙手なり，民主的に選べというふうに法律はなっているんですけれども，現実には，会社の社長さんが指名した総務の方がなっていたり制度が極めて形骸化しておりまして，そういった点も非常に大きな問題ではないかなというふうに思います。

　中小企業の支援も，日本は非常に弱いと思います。大企業は人も多いですし，技術もありますし，お金もありますが，中小の職場はなかなか余裕がない。いかに若い人たちを生き生きと活用できるような中小企業支援の仕組を作っていくかが，非常に重要です。

　ちなみに，高齢者の雇用に関して言いますと，中小企業のほうは65歳まで希望すれば働ける人の割合が大企業よりはるかに多い。つまり，顔の見える規模でやっていると，この人は必要だということが分るわけです。年齢，定年を越えていても，「やっぱりこの人は必要だ」「この人の技能は必要だ」ということで，中小企業は高齢者雇用のニーズが高いんです。こういうところに，ぜひ人材やお金を国としてもどんどん出していかなきゃけないんじゃないかというふうに思います。

　最後に，コミュニケーション能力の問題についてちょっとコメントいたしますと，私は労働側の弁護士ですので一番多いのは解雇の事件なんですね。解雇は，日本ではご承知のとおり労働契約法の16条[3]という法律がありまして，「客観的，合理的な理由」と「社会的相当性」という2つの要件をクリアして，初めて有効になる。つまり，ちゃんとした理由がない限り，解雇してはならないというふうに規制されているんですね。従って，企業のほうは解雇の理由を裁判で立証，主張しなければいけない。その場合に，最近非常に多いのが，「コミュニケーション能力がない」という解雇理由なんですね。

　「協調性がない」ということが解雇の理由としてよく主張されてきます。ただ，これはわれわれから見ているとよく分らない。協調性がないという

2　労基法は1日8時間，習40時間労働を定め，週1日の休日の付与を義務付けている。これ以上働かせるためには，使用者は労働者代表と労使協定を結ばなければならない。これを労基法36条にちなんで，「36協定」（サブロク協定）と呼んでいる。

3　「解雇は，客観的に合理的な理由を欠き，社会通念上相当であると認められない場合は，その権利を濫用したものとして，無効とする」。

ことを，何をもって言うのか。能力と協調性というのが，かなり混同されているんじゃないか。「協調性も能力の一つである」というふうに考えがちだけれども，いわゆる職務としての能力と，人間関係としての協調性というのを，本来は区別して考えるべきじゃないかなと思います。

　だから，このコミュニケーション論というのは非常に不明確です。非常に基準もあいまいなので，そういったものが企業現場に入ってきて，労働者をいわば萎縮させる機能を持ってしまっている点が，大きな問題であると感じました。

大島　ありがとうございました。それでは，初めにコメントの口火を切っていただいた矢沢さんに，グルッとまたコメントが戻ってきたというところで，一言いただけたらと思います。

矢沢　大学は就職に出して，そこでそのままずっと育ってくれればいいというふうに考えますよね。だけど，なかなかそういうふうには，真っすぐにはいかないわけです。大学ですと全国から学生さんが来て，また全国に帰っていくわけですね。今のお話をうかがっても，どうしても離職はあるわけです。例えば離職したときに，誰がその離職した元学生を救ってあげるというか，手を結ぶかというと，やはり私は地域のNPOなり，地域がきちんと支えるということだと思うんです。

　若者は行きつ戻りつするのは当り前です。大学がそういういろんなところと結びながら，困っている元学生・若者に「うまくいかなかったらそこに相談しなよ」と。もちろん，大学も受け入れるけれど，地元のNPOが地元の企業とうまく結びつきながら就職のことや，これからの暮らしのこと，自立のことなんかがうまく結びつくようなシステムを今後作っていくことが大事かなと思っています。

　もうひとつは，それをやっていく中で，高齢者の方の活用が大事だと思います。例えば65歳以上の方々が一緒に若者とそういうところで触れ合う中で社会的なことも伝えられます。そして，自分はどういう仕事の経歴を通りながらやってきたのかを伝えることで，もう一度若者が仕事というものを見直すことができると思います。このような取り組みが，先ほどおっしゃられた多様な学生たち，多様な若者たちを救っていくことになってい

くのかなと思っています。

　ですから，産学はもちろん，さらには官，行政や，地域，NPOとか，すなわち「産官学域」という4つが連携しながらこの問題を一つ一つ解決していくことが非常に大事な視点になっていくかなと思っています。

大島　ありがとうございました。総括のような形でお話いただいたところですし，あらためて今日の多様な方々のご発言を無理やり一つにまとめるというのは，かえって皆さんの頭の中を混乱させてしまうのではないかと思いますので，簡単に教育学を専門としている立場から，今のことを受けて思ったところを一言だけ言いたいなと思います。

　さまざまな取り組みというところから，まさに今日のタイトルどおり，問題について背景と課題を，そうした状況を理解したというところから，展望に向けてどう行動するのかという話が出てきていると思います。たいていの場合，そこは「教育が」という話になるかと思うんですね。しかし，今お話がずっと出てきたように，教育の現場は一言で語ってしまえるほど単純なものではなくて，非常にたくさんの担い手がある。もっと言えば，教育という言葉が悪ければ，学習といったときには若者たちの学び方，学ぶ場というのは非常に多様です。

　まさに，知識としてこれからの学習能力を付けるという学びもある。それから，職業教育。職業訓練にあったように，「できる」ということが身に付く学びというものもあります。それから，学んでいるという意識はあまり強く持たなくても，学校の先輩であったり，人生の大先輩であったりといった，人から聞くというような学び方もある。

　そういったいろんなところにある学び，それが矢沢さんのいう産官学域それぞれのセクターから，そしてここにおいでの皆さんも，それぞれどこかの立ち位置から寄ってたかって若者と出会っていく。そんなことがおぼろげながら私には見えてきたような気がします。皆さんとまた，これからの議論を続ける時間はもうありませんが，この先はお持ち帰りいただいて，どこかでお互いに役割を果していただければありがたいなと思います。

〔了〕

まとめにかえて

　本書の刊行がシンポジウムの開催から大幅に遅れた責任は，ひとえに編者の怠慢にある。パネリスト・コメンテーターおよびフロアコメントをくださった皆様に，伏してお詫び申し上げたい。
　また，印象の鮮明なうちに記録にまとめてお届けすることができなかった参加者の皆様にも，お詫びいたします。

　ここでは，時間をおいてしまった後のまとめにかえて，本シンポジウム開催前後から今日までの学生の就職活動に関する状況の変化を，日本経済団体連合会（以下，経団連）の動きに即して跡づけてみることにしたい。

　経団連は，1997年に従来の「就職協定」を廃止して，代わりに毎年「大学卒業予定者・大学院修了予定者の採用選考に関する企業の倫理憲章」を公表してきた。2012年には改定が行われなかったため，シンポジウム前の最新版であった2011年3月15日改定の憲章の項目は，つぎの7点であった。

　　1．公平・公正な採用の徹底
　　2．正常な学校教育と学習環境の確保
　　3．採用選考活動早期開始の自粛
　　4．広報活動であることの明示
　　5．採用内定日の遵守
　　6．多様な採用選考機会の提供
　　7．その他

　この3において，広報活動の開始を卒業・修了学年前年の12月1日以降，面接等の実質的な選考活動の開始を，卒業・修了学年の4月1日以降と記していた。5には，正式な内定日を卒業・修了学年の10月1日以降と記している。また，7には，「インターンシップは，産学連携による人材育成の観点

から，学生の就業体験の機会を提供するために実施するものである。したがって，その実施にあたっては，採用選考活動（広報活動・選考活動）とは一切関係ないことを明確にして行うこととする」という記述がある。

ところが，2013年9月13日に公表した「採用選考に関する指針」では，構成上の大きな変化はないものの，政府が閣議決定（2013年6月14日）した「日本再興戦略」に示された時期に準じて，採用選考活動の開始日が繰り下げられることとなったのである。

指針の項目は，つぎの5点である。

1．公平・公正な採用の徹底
2．正常な学校教育と学習環境の確保
3．採用選考活動早期開始の自粛
4．採用内定日の遵守
5．多様な採用選考機会の提供

この3において，広報活動の開始を卒業・修了年度に入る直前の3月1日以降，選考活動の開始を卒業・修了年度の8月1日以降とした。4の正式な内定日については，卒業・修了年度の10月1日以降で変更はない。

したがって，新たなルールでは，広報開始が3ヶ月，選考開始が4ヶ月遅くなり，10月1日までの短期決戦の様相が，より強まったといえる。

インターンシップについての言及は指針にはなく，同日に公表された「「採用選考に関する指針」の手引き」において，就業体験としてのインターンシップのあり方を詳述している。またこの手引きでは，「卒後3年以内の未就業者について」適切な対応を求めるなど，本シンポジウムでの論点のひとつが課題として取り上げられていることがわかる。

2015年3月のいま，この新ルール適用第1期生たちの就職活動が始まった。こう言いたいところだが，現実はもう少し複雑である。経団連の会員企業は，1,314社（2014年11月10日現在）。中小を含めた日本全体の企業総数は400万社以上あり，従業者数でも中小がおよそ3分の2を占める。加えて，外資

系企業やIT企業のように早期に採用活動を開始しているところもあり，場合によっては3月の時点で採用活動が終了しているということもありうる。こうなってくると，上に見た憲章や手引きで性格づけられたインターンシップも，実質的な青田買いの場に変容しかねない。

　シンポジウムで議論されたミスマッチの解消という視点からすれば，本来のインターンシップはその経過において企業と学生とが相性を確かめあい，双方の合意に至るという筋道が理想であろう。ところがこうした行為は，表向き否定されているのである。

　それでは学生や大学はどうしてゆくべきか。最も肝心なことは，あふれる雑多な情報に流されず，おのれの必要とする情報を正確につかみとる力をつけることである。これは専門の如何にかかわらず，大学での学修をつうじて養うことができる普遍的な能力である。
　今後，一斉の横並びの就職活動という形態は崩れてゆくかもしれない。しかし，大学での学修を経て学生が企業等と出会い，働く場を得てゆくという営みは続いてゆくであろう。双方にとって幸福な出会いが可能となるよう，力量を育み機会を提供してゆきたいと願う。

法学部教授
大　島　英　樹

【執筆者・パネリスト紹介】
＊肩書きはシンポジウム当時のもの

コーディネーター

大島 英樹（おおしま　ひでき）
　立正大学法学部准教授

基調講演

小川 英郎（おがわ　ひでお）
　日本労働弁護団常任理事・弁護士

パネルディスカッション

戎野 淑子（かいの　よしこ）
　立正大学経済学部教授

西岡 由美（にしおか　ゆみ）
　立正大学経営学部准教授

矢沢 宏之（やざわ　ひろゆき）
　NPO法人教育サポートセンターNIRE

グリーンブックレット　11
若年雇用問題の背景と課題、展望
2015年3月25日　初版第1刷発行

編　集　　大　島　英　樹
発行者　　阿　部　耕　一

162-0041　東京都新宿区早稲田鶴巻町514番地
発行所　　株式会社　成文堂
電話 03(3203)9201(代)　Fax 03(3203)9206
https://www.seibundoh.co.jp

製版・印刷・製本　藤原印刷　　　　　検印省略
☆乱丁・落丁本はおとりかえいたします☆
Ⓒ 2015 H. Oshima
ISBN978-4-7923-9252-9　C3032
定価（本体800円＋税）

グリーンブックレット刊行の辞

　グリーンブックレットの刊行は，立正大学法学部の日頃の教育研究活動の成果の一端を社会に還元しようとするものです。執筆者の個人的な成果ではなく，組織的な学部プロジェクトの成果です。私たちが高等教育機関としてその社会的使命をいかに自覚し，どのような人材育成上の理念や視点を貫きながら取り組んできているのかが，シリーズを通しておわかりいただけるはずです。したがって，グリーンブックレットの刊行は私たちの現状の姿そのものを世間に映し出す機会であるといっても過言ではありません。

　グリーンブックレットの「グリーン」は，立正大学のスクールカラーです。これは，大学の花である「橘」が常緑であることに由来するもので，新生の息吹と悠久の活力を表しています。現在の社会の抱えるさまざまな問題や矛盾を克服することは容易ではありませんが，次の社会を支える若い世代が，健全で，勇気と希望を持って成長し続ける限り，より良い未来を期待する事ができるものと信じます。そうした若い世代の芽吹きの一助たらん事を願って，このグリーンブックレットを刊行いたします。

2009（平成21）年12月

立正大学法学部長
鈴　木　隆　史